ウェルビーイングな社会をつくる

循環型共生社会をめざす実践

草郷孝好

明石書店

ウェルビーイングな社会をつくる◉目次

4章 循環型共生社会の構想 ……… 99

5章 循環型共生社会をつくるウェルビーイングモデル ……… 111

6章 ウェルビーイングモデルによる政策づくり ……… 137

序章　誰一人取り残さないウェルビーイングな社会の提案

新型コロナ禍で問い直される豊かなライフスタイル

未来の歴史の教科書には、「2020年は新型コロナウィルス（Covid-19）が猛威を振るい世界を揺るがし、アナログからデジタルへと人間社会のあり方が大きく変わることになった転換点」と書かれているのではないかと思います。それほど、今、私たちは人類史に残る大転換期の中で暮らしています。

実際、新型コロナ禍の中にあって、それまでの生活スタイルを少しも変えることなく生活し続けられたという人は稀だと思います。海外では、感染拡大を抑えるためにロックダウン（都市封鎖）、日本では緊急事態宣言の発出により、外出自粛要請が出され、オフィス通勤からテレワークへの切り替えや遠隔教育の導入が進みました。今では、普通にZoom、Teams、Slack、LINEなどのオンラインツールを使って、職場の同僚、家族、親戚、知人とコミュニケーションを取るようになるなど、暮らしのデジタル化が当たり前になりました。

　他方、世界規模で人の往来が制限されたことで、観光、自営業、理美容、娯楽施設などの人相手のサービス業が大きな経済的損失を受けてしまいました。また、人と人との距離を取り、感染を拡げないように、あるいは、お互いに感染しないようにするための「新しい日常（New Normal）」が瞬く間に世界中に伝播しました。

　これまで、あまり手洗いをしなかった人が毎日手洗いするようになり、ささっと水洗いで済ませていた程度の手洗いの仕方が、あたかも医療従事者のように、石鹸（せっけん）や消毒液を使って、丁寧に時間をかけたスタイルに変わり、外出先から戻ればうがいやシャワーを浴びるのが習慣になった人もいました。人との距離を取ることで感染拡大リスクを抑えようというソーシャルディスタンスも当たり前になり、私たちの生活はガラリと変わりました。すれ違う人との距離を取ることや人と話をする時の距離など特別気にすることはなかったのに、今では、家の周りを歩く時でも、駅で電車を待つ間でも、周りにいる人との距離が気になったり、条件反射で「どれくらい空いてるか」を目分量でチェックしてしまう、そんな経験があるのではないかと思います。みなさんも、コロナ禍によって自分の生活の何がどう変わったのかを書き出してみると、その変化に驚かされるはずです。

　このように、世界中で、一斉に人間の生活の仕方や行動に大きな変化が起きているわけですが、中には、そこまでの対応が必要かどうかをめぐる意見の対立も生まれました。その典型が「マスクをつけること」への対応です。たとえば、外出時にマスクを義務づけるべきかどうかをめぐって、政府がその方針を出さない国もあれば、積極的に出す国もあります。また、政府が方針を出しても、マスク着用を義務づけることに反対し、抗議の意味からマスクをつけないでパーティをしたり、デモを行うなど、社会の中で対立が深まっていったケースもあります。

テレワークや遠隔教育をめぐる対立も問題になっています。デジタル技術の恩恵を得るためには、高速ネット環境などの情報インフラ整備が不可欠になりますが、実際には、先端技術の恩恵にあずかれる場所とそうでない場所とがはっきりわかるようになってしまいました。教育でいえば、都市と地方の違い、私立と公立の違い、職場でいえば、テレワークを導入できた企業とそうでない企業の違いなどがあからさまになったわけです。その結果、デジタル化に対応するには不十分なネット環境にある人々や企業からは、デジタル化への反発が少なからずあり、コロナ禍前と変わらない対面授業の再開やオフィスワークに戻すべきという意見が出てくるわけです。

コロナ禍にならなくても、「アナログからデジタルへ」のデジタルトランスフォーメーション（DX）の流れは始まっていましたが、コロナ禍によって、デジタル化に伴う格差「デジタルデバイド」にどう向き合うべきか、そして、私たちはどういう暮らし方をすべきなのかといいう根本的な問いに向き合うことをはっきりと突きつけられたのです。

現在、他の既知のウィルスと同様に、新型コロナウィルスとの共存、いわゆるwith corona（ウィルスとともに生きる）時代に入りつつあります。ウィルス感染におびえながら、新しい生活ルールにただただつき従うだけでは、これからの私たちの生活の中に希望を見いだしていくことは難しいでしょう。本格的なデジタル社会の到来とコロナ禍の中、私たちが真剣に問い直さなければならないのは、新しい生活様式を取り入れながら、どうやって生計を成り立たせていくのか、人と人とのつながりや社会生活を維持していくのか、長年かけて築いてきた文化や芸術を守っていけるのか、どうしたら誰もが幸せに生きられるのか、といった生きていくうえで大切なさまざまな問いに向き合い、これからの社会のあり方を考えて、それを形にしていくことなのです。

深刻な感染症の拡大や甚大な災害が起きると、日常生活が大きなダメージを受けるだけではありません。ダメージや影響がすべての人に同じではなく、生活基盤が脆弱（ぜいじゃく）である人を苦しめてしまうことがより一層はっきりとしてきたことです。すでに、私たちは、２０１１年３月11日の東日本大震災を契機にして、なぜ被害を受ける人とそうでない人に分かれ、社会に歪みを生んでしまうのかに疑問を感じ、幸せな生活や生き方とはどういうものかを問いかけるようになっていました。

しかし、新型コロナ禍によって、影響を受ける人とそうでない人に分かれる様を目の当たりにし、震災後も、社会のあり方がそれほど大きく変わっていなかったことが歴然としたわけです。今回のコロナ禍を奇貨として、想定外の苦難に直面しても、いとも簡単に脆(もろ)く崩れてしまう社会ではなく、誰もが安心して暮らせるように、災難や災害にあってもしなやかに課題に対応できるレジリエンスの高い循環型共生社会に変革し、次世代へとバトンタッチしていくことができるかどうかが求められているのです。

課題先進国日本

みなさんは、日本は課題先進国といわれているのをご存じでしょうか。正直、うれしくない形容ですが、確かに難しい問題に直面しているのが今の日本です。実際、どのような課題があるのかを書き出してみたのが図1です。貧困問題、多文化共生、環境保全、災害対策、情報化社会、シェアリングエコノミーなど、多岐にわたる課題があります。とくに、次の2つの課題が日本社会の未来に大きな影響を与えているといわれています。

1つ目は、都市集中による少子化問題です。高度経済成長を経て、日本では、少子化が進み、大都市圏へと人口が集中する一方でした。1960年代に地方から都市への集団就職者は金の

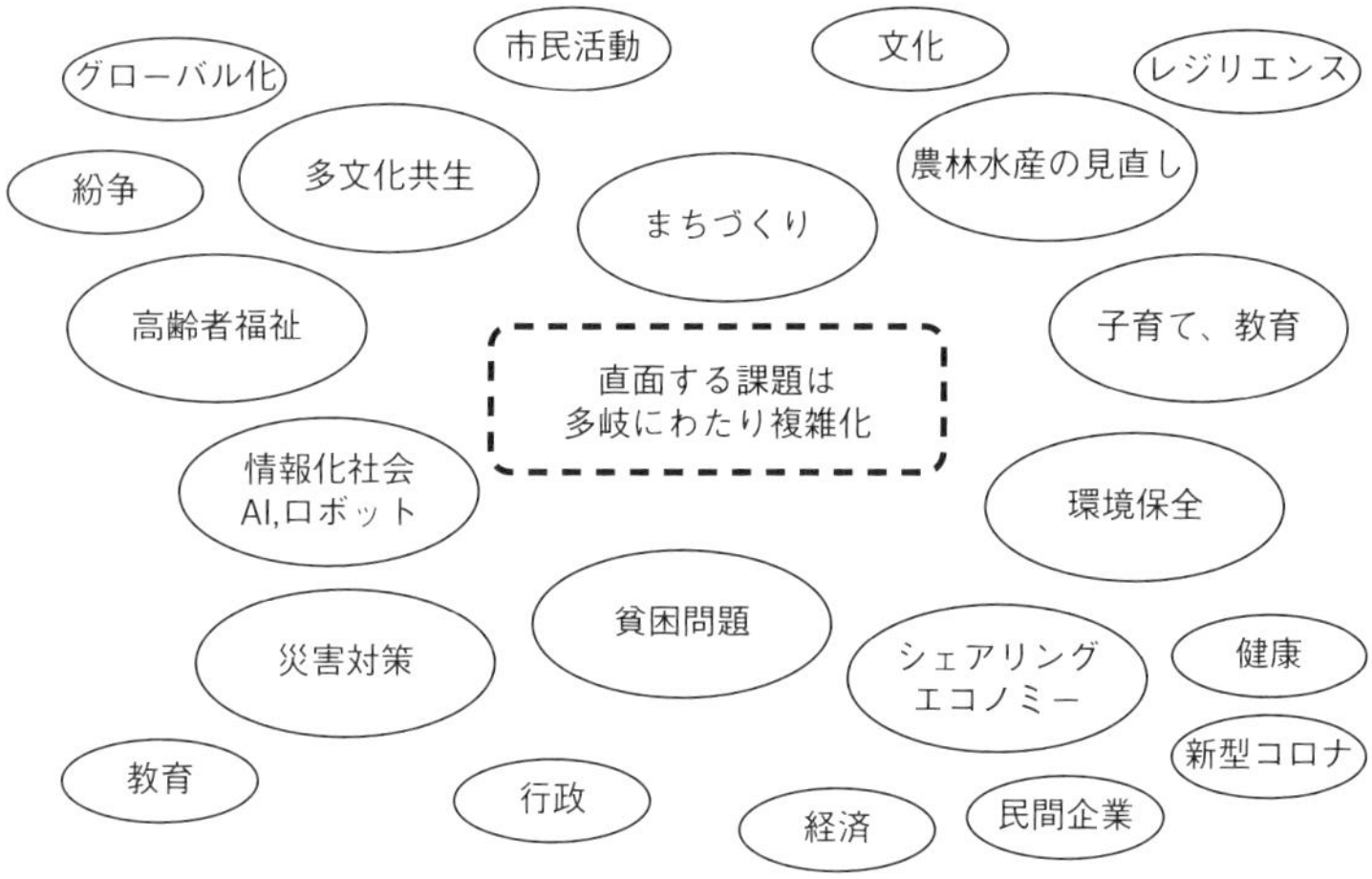

図1　日本社会が直面するさまざまな課題

卵と呼ばれ、もてはやされました。それ以来、若者は、大学・専門学校への進学や仕事を見つけるために各地から大都会へと向かったのです。

図2は、三大都市圏への人口流入と流出の動きを示しています。長期にわたり、三大都市圏に人口が集中していったことがよくわかります。大都市への人口集中と少子化がなぜ関係するのかと気になる人もいるかと思います。三大都市圏の中でも、東京圏への流入が一番多いのですが、実は、東京都こそ、国内で一番出生率[*2]が低い地域です。その理由は、都市生活が高コストであること、高学歴化が結婚年齢を押し上げていること、共働きや子育て支援環

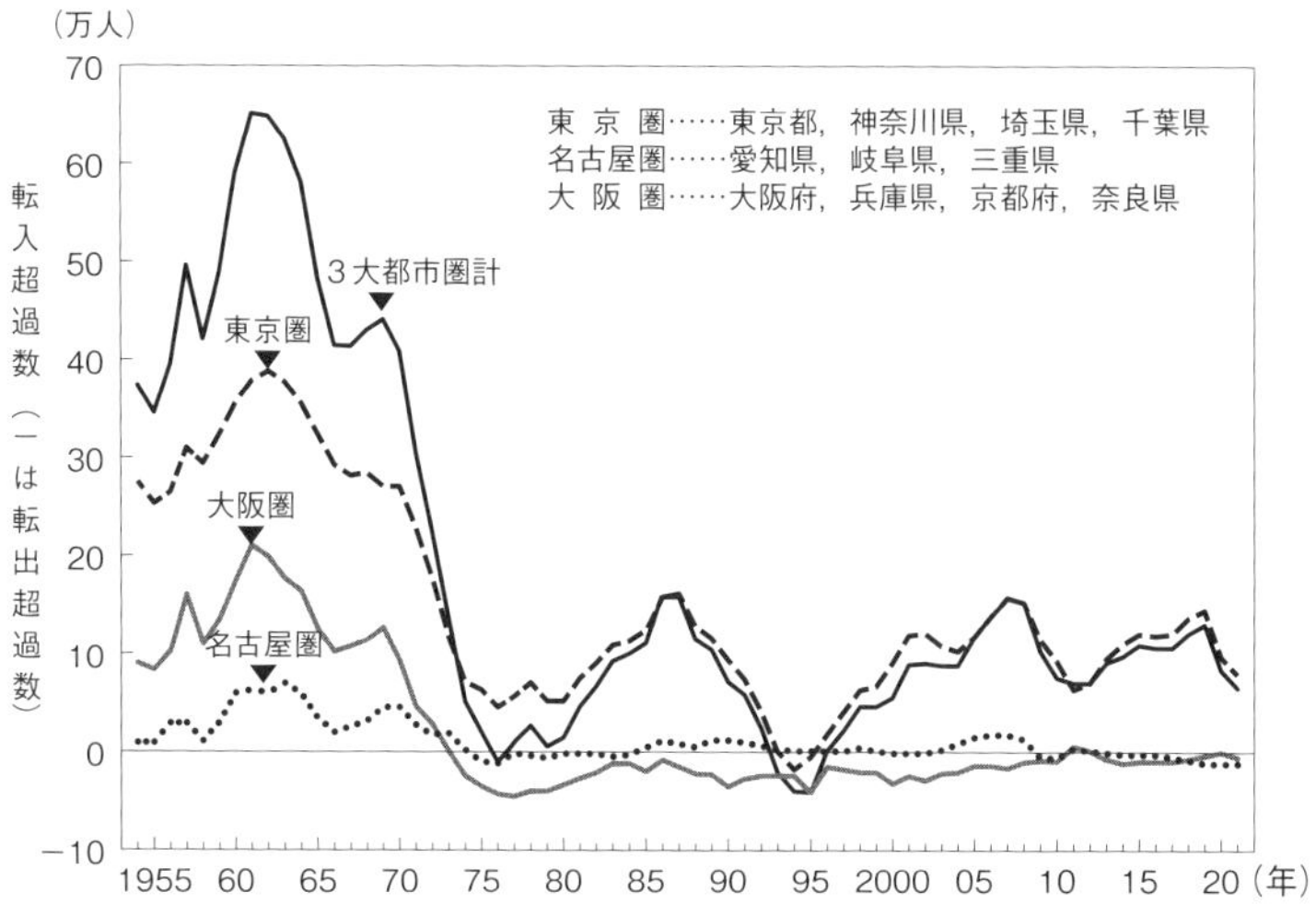

図2　3大都市圏の転入超過数の推移[*1]（1954～2020年）

注：1954年から2013年までは、日本人のみ。
出所：住民基本台帳人口移動報告2020年（令和2年）

境が不十分であることなどが考えられますが、データからいえるのは、大都市への人口集中が続いてきたことで、ますます少子化を進行させてしまったわけです。

2つ目は、日進月歩で生み出される新しい技術の中から、どの技術を何のために、そして、どのように使うのかという適正技術選択の課題です。すでに、AI、ICTを含むデジタル技術の革新、ロボット産業、ナノテクノロジーが日々の暮らしを変えてきていますが、これから、さらに大きな変化をもたらしていくはずです。しかし、新技術の開発と導入は必ずしも社会の進歩を約束するものではありません。それらの技術を使って、私たちはどのような社会を築いていくのか、未来社会のビジョンを明確にしておくことがより重要なのです。めざすべき未来社会を具体化することで、どのように社会課題を乗り越えていくかの方針や技術の賢い利活用の仕方が定まり、そうすることで、よりよい社会の実現が見えてくるからです。

社会変革へのビジョン

〝未来社会のビジョンを構想するなんて、机上の空論であって、無駄なこと〟と思われるかもしれません。ところが、世界は、新しいビジョンとその実現に向かって、すでに動き出しています。ＳＤＧｓ（Sustainable Development Goals：持続可能な開発目標）という言葉を耳にした人も多いのではないかと思います。実際、『ＳＤＧｓ』（蟹江 2020）を皮切りに、ビジネス、行政、学校教育など多岐にわたり解説書や実用書が作られています。また、新聞、雑誌、テレビ、ラジオ、インターネットでＳＤＧｓが取り上げられています。ＳＤＧｓは、国連加盟国が合意した「私たちの世界を変革する：持続可能な開発のための２０３０アジェンダ」（以下、２０３０アジェンダ）の実現のためにつくられたもので、注目すべきは、２０３０アジェンダです。

では、なぜ２０３０アジェンダという国際合意が必要になったのでしょうか。いくつかの理由が考えられます。自然災害がこれまでにない規模と頻度で起き、溶け出しているシベリアの永久凍土のように、地球環境の破壊が進み、このままでは取り返しのつかないことになってしまうという気候危機の問題があります。また、世界規模で貧富の格差が広がり、民族、ジェンダー、ＬＧＢＴＱなどを軸にした対立や差別などの社会問題の深刻化もあります。また、国内や国家間の対立や紛争によって、私たちの平和な日常がいとも簡単に崩れてしまうことへの危機もあります。

急速に悪化する環境破壊を食い止めるには、環境に優しい経済のしくみ、循環型経済に変えていくことが不可欠です。また、格差を解消し、平和で多様性を認める社会をめざすには、誰一人取り残さない社会のしくみ、共生社会をつくっていくことが必要です。２０３０アジェンダは、循環型経済と共生社会の両方の実現を掲げています。障害のある人、ＬＧＢＴＱの人、外国につながりのある人など、さまざまな事情や特性を持つ人が特別扱いされることなく、気持ちよく生きられる社会をつくる、ハラスメントなどの差別や暴力をなくし、「誰一人取り残さない社会」を言葉だけに終わらせず、実現していくことなのです。

循環型経済と共生社会の２つを併せ持つ社会こそ本書が提案する「循環型共生社会」であり、この社会像こそ、２０３０アジェンダがめざすウェルビーイングを大切にする未来社会につながっていくと考えます。

循環型共生社会への変革

図1に示した課題を1つ1つ深掘りしていくと、それぞれが別々の問題ではなく、どこかでつながっていることに気がつきます。たとえば、プラスチックごみ（プラごみ）の問題は、食品の衛生管理や海洋汚染と関係していますし、食物連鎖によってマイクロプラスチックの人体への健康被害にもつながっています。〝問題の根っこにあるのは何か〟を突き詰めていくと、やがて、その本質は、これまで私たちが享受してきた経済や社会のシステムにあることが見えてきます。

環境にダメージを与えることがわかっていても、物質的に豊かな生活を続けていくために経済成長を続けていくのではなく、未来にわたり環境を維持できる経済と、誰もが健康で幸せな生活のできる共に生きる社会を実現するシステムに変えていくことが必要です。そのためには、社会のあり方を決める社会発展モデルを見直し、経済システムと社会システムを同時に変革し、未来社会を変えていくことが重要なのです。将来、新たなパンデミックや大規模な自然災害が起きても、日々の生活基盤が容易に崩れない社会、地域住民同士の仲違いや地域の間のいさかいを引き起こさない社会を実現していくことこそ、私たちがめざすべき未来社会です。

本書は、社会変革の必要性、社会発展モデルの方向性とその内容、そして、私たちが何をすべきかを考え、行動していくためのヒントを探り、どのようにしてウェルビーイングを大切にする循環型共生社会を実現できるのかを提案するものです。

まず、国際合意された2030アジェンダはどういうものなのか、なぜ循環型共生社会をめざすのかを掘り下げることにします。それから、これまでの社会発展を牽引してきた経済成長モデルによって、私たちが手に入れることができたことと失ってしまったことを見ていくことにします。そのうえで、これまでのシステムに変わる新しい社会経済システムとしての循環型共生社会の構想について潜在能力アプローチと社会的共通資本に基づいて説明します。そして、循環型共生社会に変革する新たな発展モデルとして、ウェルビーイングモデルを提唱します。また、経済成長モデルとウェルビーイングモデルのどちらが幸せな社会をつくっていくことができるのか、経済社会政策がどう変わるべきなのかについても考えます。最後に、経済成長からウェルビーイングの向上へと実現すべき目標を変え、地域社会の変革に取り組む国内の2つの地域の実践を取り上げ、循環型共生社会への変革のカギは何かを具体的に考えます。とくに、誰一人取り残さないウェルビーイングを大切にする社会を地域レベルで実現するために、市民、行政、企業、地域団体の協働がカギになること、さらに、私たち一人ひとりに何ができるのかを考えていきます。

注

1　住民基本台帳人口移動報告２０２０（令和２）年、図4を引用。https://www.stat.go.jp/data/idou/2020np/jissu/youyaku/index.html（２０２２年1月15日閲覧）

2　厚生労働省の人口動態統計特殊報告によれば、２０１９（令和３）年度の合計特殊出生率は、全国平均は１・36、東京が１・15と都道府県の中で最も低く、沖縄が１・82と最も高い。https://www.mhlw.go.jp/toukei/saikin/hw/jinkou/tokusyu/syussyo07/index.html（２０２２年1月15日閲覧）

1章　2030アジェンダと循環型共生社会

2030アジェンダとSDGsがなぜ登場し、国際合意されたのか、2030アジェンダがめざす新しい循環型共生社会とは一体どのようなものなのか、そこから話を始めてみたいと思います。

国連ミレニアム宣言から2030アジェンダへ

2000年9月のことですが、国連は途上国の生活改善を検討するためにミレニアムサミットを開催し、その場で、国連ミレニアム宣言を採択しました。ミレニアム宣言には、次にあげる8項目のミレニアム開発目標（MDGs）が含まれていました。極度の貧困と飢餓の撲滅、初等教育の完全普及の達成、ジェンダー平等推進と女性の地位向上、乳幼児死亡率の削減、妊産婦の健康の改善、HIV／エイズ、マラリア、その他の疾病の蔓延の防止、環境の持続可能性確保、開発のためのグローバルなパートナーシップの推進です。

MDGsの達成想定年は2015年でしたが、それまでに、貧困者数の減少、教育機会の向上、平均寿命の増加など、いくつかの項目で目標を達成することができました（UNMDGs Report 2015）[*1]。

しかし、1992年にブラジルのリオデジャネイロで開かれた地球サミット（国連環境と開発に関する国際会議：UNCED[*2]）以降、地球環境問題への取り組みが喫緊の課題となり、国際的な行動計画であるアジェンダ21などに取り組みましたが、気候変動はますます深刻になり、地球環境は悪化の一途を辿っていったのです。2012年に国連持続可能な開発会議（リオ＋20サミット）が再びリオデジャネイロで開催され、その場で、MDGsが掲げる課題への取り組みに加えて、地球環境を守っていくための方策を話し合いました。そして、2015年9月、国連は持続的開発のためのサミットを開催し、2030アジェンダを採択、アジェンダが規定したSDGsの達成に向けた取り組みが世界各地で開始されたのです。

では、このSDGsの特徴は何でしょうか。前身のMDGsとどのような点で違っているのでしょうか。ここで、2030アジェンダの理念と世界像、SDGsに取り組む際の5つの原則、そして、17のSDGs目標を概観しておきましょう。

2030アジェンダとは？

2030アジェンダのめざす社会は、将来にわたって環境を持続する循環型経済と誰もが大切にされる共生社会を特徴とするものです。このような社会を実現するために、2030アジェンダは、今の社会の何をどのように変えなくてはならないかを17の目標と169の指標群のSDGsとしてまとめました。

17の目標をリストアップしてみると、貧困や飢餓の撲滅、健康福祉の増進、教育の改善、ジェンダーの平等、安全な水と衛生、クリーンエネルギー、すそ野の広い雇用創出と経済成長、産業と技術革新、不平等の解消、持続可能なまちづくり、持続可能な生産と消費、気候変動対策、海の豊かさと陸の豊かさの保全、平和と公正の実現、パートナーシップの推進です（図3）。

社会、経済、環境の3つの側面にわたるSDGsを普段の生活の文脈で考えてみましょう。生活に欠かせない経済的基盤が保障されている。教育や職業訓練を受けることができ、さまざまな生き方を選択できる。けがをしたり、病気になっても、安心して治療が受けられる。また、性別による差別や人種への偏見のない誰もが社会の一員として尊重され、公平に扱われ、気持ちよく暮らせる。そして、気候危機を食い止めて、環境を守っていくことができる。これらを

図3　SDGsの17項目*3

実現するために国際社会が協力して成果をあげていこうというのがＳＤＧｓの狙いです。

新型コロナの登場によって、国際社会は深刻な影響を受け、先行き不安が増していますが、いのちと生活を守り、気候危機を乗り越えるべきという問題意識は世界共通のものです。２０３０アジェンダの掲げる社会は、私たちがめざすべき未来社会のあり方を具体的に示しているといってよいと思います。

SDGsがめざす「循環型共生社会」

２０３０アジェンダの前文には、未来のあるべき社会像とそのために何をすべきかが次のように書かれています。

このアジェンダは、人間、地球及び繁栄のための行動計画である。これはまた、より大きな自由における普遍的な平和の強化を追求するものでもある。我々は、極端な貧困を含む、あらゆる形態と側面の貧困を撲滅することが最大の地球規模の課題であり、持続可能な開発のための不可欠な必要条件であると認識する。

すべての国及びすべてのステークホルダーは、協同的なパートナーシップの下、この計画を実行する。我々は、人類を貧困の恐怖及び欠乏の専制から解き放ち、地球を癒やし安全にすることを決意している。我々は、世界を持続的かつ強靭（レジリエント）な道筋に移行させるために緊急に必要な、大胆かつ変革的な手段をとることに決意している。我々はこの共同の旅路に乗り出すにあたり、誰一人取り残さないことを誓う。

今日我々が発表する17の持続可能な開発のための目標（ＳＤＧｓ）と、１６９のターゲットは、この新しく普遍的なアジェンダの規模と野心を示している。これらの目標とターゲットは、ミレニアム開発目標（ＭＤＧｓ）を基にして、ミレニアム開発目標が達成できなかったものを全うすることを目指すものである。これらは、すべての人々の人権を実現し、ジェンダー平等とすべての女性と女児の能力強化を達成することを目指す。これらの目標及びターゲットは、統合され不可分のものであり、持続可能な開発の三側面、すなわち経済、社会及び環境の三側面を調和させるものである。

これらの目標及びターゲットは、人類及び地球にとり極めて重要な分野で、向こう15年間にわたり、行動を促進するものになろう。（外務省仮訳[*4]の引用）

つまり、２０３０アジェンダは、誰もが安心して暮らすことのできる社会を築き、生物多様性を損なうことなく、地球環境を将来世代へと引き継いでいく社会変革のビジョンなのです。

このビジョンが作られた裏側には、世界中のたくさんの市民の声が後押ししていたことは、あまり知られていません。通例、国連が理念や方針をまとめる際には、各分野の専門家に託し、素案をとりまとめます。しかし、2030アジェンダを策定した際、国連史上初めて、未来のあるべき世界を検討するために、世界中の市民を対象にオンラインアンケート調査（My World Survey）を実施、総数194ヵ国から700万人以上の声を集めました。そのようにして集めた声をもとにして、2030アジェンダがめざすべき社会を検討した結果、「誰一人取り残さない持続的な社会への変革」が前文に記されたのです。見方を変えれば、この社会変革ビジョンは、地球の異なる場所で暮らすさまざまな市民が願う未来社会のビジョンといってもよいと考えます。

では、誰一人取り残さない持続的な社会とは一体どのようなものでしょうか。2030アジェンダは、めざすべき世界像を3つに分けて具体的に示しています。

7.（目指すべき世界像）これらの目標とターゲットにおいて、我々は最高に野心的かつ変革的なビジョンを設定している。我々は、すべての人生が栄える、貧困、飢餓、病気及び欠乏から自由な世界を思い描く。我々は、恐怖と暴力から自由な世界を思い描く。すべての人が読み書きできる世界。すべてのレベルにおいて質の高い教育、保健医療及び社会保護に公平かつ普遍的にアクセスできる世界。身体的、精神的、社会的福祉が保障される世界。安全な飲料水と衛生に関する人権を再確認し、衛生状態が改善している世界。十分で、安全で、購入可能、また、栄養のある食料がある世界。住居が安全、強靭（レジリエント）かつ持続可能である世界。そして安価な、信頼でき、持続可能なエネルギーに誰もがアクセスできる世界。

8.（目指すべき世界像）我々は、人権、人の尊厳、法の支配、正義、平等及び差別のないことに対して普遍的な尊重がなされる世界を思い描く。人種、民族及び文化的多様性に対して尊重がなされる世界。人間の潜在力を完全に実現し、繁栄を共有することに資することができる平等な機会が与えられる世界。子供たちに投資し、すべての子供が暴力及び搾取から解放される世界。すべての女性と女児が完全なジェンダー平等を享受し、その能力強化を阻む法的、社会的、経済的な障害が取り除かれる世界。そして、最も脆弱な人々のニーズが満たされる、公正で、衡平で、寛容で、開かれており、社会的に包摂的な世界。

9.（目指すべき世界像）我々は、すべての国が持続的で、包摂的で、持続可能な経済成長と働きがいのある人間らしい仕事を享受できる世界を思い描く。消費と生産パターン、そして空気、土地、河川、湖、帯水層、海洋といったすべての天然資源の利用が持続可能である世界。民主主義、グッド・ガバナンス、法の支配、そしてまたそれらを可能にする国内・国際環境が、持続的で包摂的な経済成長、社会開発、環境保護及び貧困・飢餓撲滅を含めた、持続可能な開発にとってきわめて重要である世界。技術開発とその応用が気候変動に配慮しており、生物多様性を尊重し、強靭（レジリエント）なものである世界。人類が自然と調和し、野生動植物その他の種が保護される世界。（外務省仮訳の引用）

これら3つの世界像は次のようにまとめられます。

- 誰もが安心して人間らしい生活のできる社会
- お互いを認め合い多様性を大切にする共生社会
- 循環型経済によって環境と共存する持続可能な社会

この3つの条件をすべて備えた社会が本書の提唱する「循環型共生社会」です。次に、3つの世界像に絡めて循環型共生社会の中身について掘り下げてみることにします。

環境と調和する循環型経済

2030アジェンダのめざす世界像を実現するには、環境と共存する循環型経済への転換が必要不可欠です。実際、SDGsには、海や森、生産と消費、水へのアクセスなど、環境に関係するさまざまな開発目標が組み込まれています。現在の気候危機を考えれば、最優先すべき課題といってよいでしょう。

昨今、注目を集めているのがプラごみによる海洋汚染です。新型コロナ感染症が起きる前の話ですが、プラスチックごみを削減するために、大阪で2019年に開催されたG20サミット[5]で、日本政府は大阪ブルーオーシャン宣言を出し、海洋汚染解決のために積極的に取り組む決意を表明しました。ところが、新型コロナ禍によって、ウィルスの飛沫（ひまつ）感染防止のために、プラスチック製の間仕切りやフェースシールドなどプラスチック製品への需要も増えてしまいました。それだけではなく、店内で飲食をすると感染リスクが高くなるからということで、テイクアウトやデリバリーサービスが大幅に増え、プラスチック容器がたくさん使われることとなり、プラごみ問題が深刻化しています。

従来の経済システムを動かしてきたのは経済成長モデルですが、それは、何よりも人間の物質的な生活の豊かさを追求するものでした。その結果、木材資源、鉱山資源、石油資源などを際限なく利用し、工場からの二酸化炭素等の排出が拡大、今では地球温暖化が常態化し、生態系は損なわれ、気候危機の時代を迎えてしまったわけです。

深刻な気候危機を回避するために、パリ協定[6]が必要になったのは、経済成長モデルが原因であるといっても言い過ぎではありません。そして、この環境破壊は自然を壊すだけではなく、温暖化によって永久凍土が溶け、その中に閉じ込められていた人類にとって未知のウィルスが出現してしまうなど、私たち人類の生存そのものを脅威にさらすような状況になっています。

2030アジェンダの掲げる世界を実現するには、経済成長のために生産活動の維持や拡大を最優先する経済システムそのものを変えていくことしか手立てはありません。そのためには、資源を最大限無駄にしない生産方法を選び、ごみにならない製品づくりをめざし、無駄や廃棄をしない消費の仕方を工夫するなど、原材料から再利用まで一連の経済活動の新しいしくみを作り上げ、経済と環境が持続できる循環型経済に切り替えていくことです。

いのちを大切にする共生社会

新型コロナウィルスの感染拡大によって多くの変化が起きました。残念ですが、新型コロナウィルスは完全に押さえ込むことが難しい、したたかなウィルスであることがはっきりしてきました。今では、外出時のマスク着用、手洗い習慣、そして社会的距離（ソーシャルディスタンス）を取ることも定着したようです。

また、医療崩壊を起こさないために、なんとかして感染拡大を抑制しようとし、多くの国でロックダウン（都市封鎖）、日本では緊急事態宣言によって、人々の接触機会を抑えようとしてきたわけです。強力な外出制限や外出自粛によって、ある程度、感染拡大を抑制できるのですが、それによって、経済活動が大きな制約を受けることになります。とくに、観光業、宿泊業、飲食業などのサービス業が大きなダメージを受けてきたのは周知の通りです。

そこで、政府は、これらのサービス業への支援策を打ち出しました。たとえば、日本では、Go To Travel、Go To Eat、Go To Event などの一連の Go To キャンペーンです。確かに、これらのキャンペーンは、生活を支えるための支援策として重要な意味があります。しかし、Go To キャンペーンは、ランダムに人を動かすものなので、感染予防策とは相容れない側面を持っています。その結果、新型コロナに感染し、中には、重症化してしまい医療機関への負担が増えてしまうわけです。まさに、いたちごっこの状態にあるといってよいと思います。

最近では、新型コロナワクチンの接種が各国で拡がってきたことで、ワクチンパスポートやワクチン接種証明と抗原検査やPCR検査の陰性証明を使い、できる限り感染リスクを小さくしながら経済を動かすという、暮らし（経済）といのち（健康）の両立を図るための方法を試行錯誤しながら探っています。

このように、〝暮らしといのちの間でどう折り合いをつけるのか〟という問いが私たちを大いに悩ませています。現状打開のための手立ては必要ですが、将来、別のパンデミックの可能性も指摘される中、今のままで、いのちと経済を両立できる社会のしくみといえるのかどうか真剣に考えてみる必要がありそうです。

今回の新型コロナウィルスの感染拡大によって、最も大きなダメージを受けた国がアメリカでした。２０２０年から２０２２年にかけて、医療崩壊を招くほどの感染爆発状態が続きました。累積で感染者数は８１８６万人を超え、99万人以上のアメリカ人が命を落としました。[*7] 大変な数ですが、新型コロナに感染したり、死亡したりした人は、アメリカで生活する人にとって、誰に対しても同じリスクであったのかが気になります。

ニューヨーク市にあるニュースクール大学の都市システム研究所は、２０２０年4月、コロナ禍がニューヨーク市住民の生活に与えた影響に関する調査[*8]を実施しました。この調査の目的は、居住地区や人種などによって、感染リスクに違いがあったのかどうかを明らかにすることでした。この調査結果は、実に衝撃的なものでした。なぜなら、コロナ禍の影響は、ニューヨーク市民の間で平等なものではなく、特定の社会グループに感染者や死亡者が集中し、生活の質の低下をもたらしていたことが明らかになったからです。

白人よりも有色人種に感染者が多く、居住地域間でも大きな違いが生まれていたのですが、何がこの差を生み出したのかについては、さまざまな要因が取り沙汰されています。有色人種は大家族で生活している家庭が多く、住環境がよくないからだ、とか、対面を余儀なくされるサービス業に従事し、非正規雇用に就く人が多いからだ、などです。つまり、アメリカ社会の中で、どのような職業に就き、どのような所得を得て、どのような居住場所で生活をしていたかが感染のリスクや死亡のリスクの程度に大きな影響を与えていたということがはっきりしたわけです。

これらのことから、今回のような感染症が発生すると、どのような経済システムと社会システムの中で生活が営まれるのかによって、どこにどのような影響が出るのかが決まってしまうことがわかってきました。つまり、今の経済と社会システムのままでは、その影響は、誰にとっても同じではなく、経済的、社会的な立ち場の違いで、大きな影響を受ける人とそうでない人にいとも簡単に分断されてしまうということです。世界各地で起きた経済といのちの綱引きや社会分断の状況を見ると、経済的な豊かさを牽引してきた経済成長モデルに頼り続けていくだけでは、2030アジェンダの掲げる「誰一人取り残さない持続的な社会」を実現することはかなり難しいと考えられるのです。

そもそも、2030アジェンダの掲げる「誰一人取り残さない社会」とは、どのような社会なのでしょうか。それは、2030アジェンダが明確にしています。

2030アジェンダの世界像の中には、「誰もが人間らしい生活ができる社会」と書かれています。これは「人間の安全保障」[*9]の考えと深く結びついているものです。人間の安全保障は、日々の生活を送る中で、差別、偏見、暴力を受けることがなく、生活に必要なモノの欠乏から自由である社会の実現です。つまり、暴力や戦争によって恐怖や脅威を受ける生活を余儀なくされている人、飢餓や貧困に苦しみ、ホームレスで生活する人、学ぶ機会を奪われている人、人間らしい最低限必要な生活を営むことができない人をなくし、すべての人が希望を持って生きられる社会をめざすという考え方です。

コロナ禍の経験から、私たちがめざすべき未来社会は、これまでの社会のしくみの延長線上にはなく、いのちと経済の両方を大切にする持続的な社会発展モデルに転換していくことによって切り開かれていく循環型共生社会なのです。

注

1 https://mdgs.un.org/unsd/mdg/Resources/Static/Products/Progress2015/English2015.pdf（2022年1月15日閲覧）

2 UNCED: United Nations Conference on Environment and Developmentのこと。

3 国連広報センターより引用。https://www.unic.or.jp/files/sdg_poster_ja_2021.jpg（2022年1月15日閲覧）

4 「我々の世界を変革する：持続可能な開発のための2030アジェンダ」の日本語外務省仮訳のこと。https://www.mofa.go.jp/mofaj/gaiko/oda/sdgs/pdf/000101402.pdf（2022年1月15日閲覧）

5 G20サミットとは、G7（フランス、アメリカ、イギリス、ドイツ、日本、イタリア、カナダの7ヵ国）、欧州連合、アルゼンチン、オーストラリア、ブラジル、中国、インド、インドネシア、メキシコ、韓国、ロシア、サウジアラビア、南アフリカ、トルコの首脳が参加して毎年開催される国際会議。

6　パリ協定（Paris Agreement）は、２０１５年パリで開催された国連気候変動枠組条約締約国会議（ＣＯＰ21）において、温室効果ガス排出削減等のための新たな国際枠組みとして採択され、２０１６年に発効した。

7　ＮＨＫの特設サイト新型コロナウィルスの統計による。数値は２０２２年２月27日現在のもの。https://www3.nhk.or.jp/news/special/coronavirus/world-data/（２０２２年５月10日閲覧）

8　McPhearson, T.et al（2021）Pandemic Injustice: Spatial and Social Distributions of COVID-19 in the US Epicenter. Journal of Extreme Events, 2150007. https://doi.org/10.1142/S234573762150007X（２０２２年１月15日閲覧）

9　人間の安全保障については、次を参照のこと。https://www.mofa.go.jp/mofaj/gaiko/oda/bunya/security/index.html（２０２２年１月15日閲覧）

2章 経済成長モデルによって何を得て、何を失ったのか

「日本は課題先進国です」といわれても、他人事に聞こえるかもしれません。しかし、この言葉は、まぎれもなく日本の現状をよく表しています。進行する少子高齢化、止まらない地方の衰退、長時間労働の横行、人件費抑制と技能実習生制度の悪用、子育て支援サービスの不足、医療費や年金負担による社会保障費の拡大、日本企業の国際競争力の低下、ジェンダー格差の問題など、枚挙にいとまがなく、どれも難題ばかりです。

政府は、さまざまな取り組みを打ち出してはいるのですが、思ったほどの成果は出ていません。厄介なことに、今回の新型コロナ禍が、飲食業、観光業などのサービス業に甚大な経済的ダメージを与えたため、そこで働く非正規雇用労働者が解雇されたり、将来に不安と絶望を感じた若者や女性の自殺が増えています。２０３０アジェンダは誰一人取り残さない持続的な社会の実現を掲げていますが、その目標達成に向けて乗り越えるべきハードルが一段と高くなっ

ています。

考えるだけで途方に暮れてしまいそうな日本の現状ですが、どのようにすれば克服できるのかを考えていく必要があります。とくに、これらの課題を生んだ**社会の根っこに何か重大な問題があるのではないか**ということを考えてみることが重要になります。明治以降、日本は経済成長モデルに基づいた経済システムと社会システムを採用し、近代化をひた走ってきた国です。おそらく、先にあげた課題と経済成長モデルの間には何らかの関係があるはずです。そこで、この関係に注目しながら、経済成長モデルによって、日本社会が実際に手に入れることができたことは何か、また、失ってしまったことは何かをデータを使って見てみることにします。

経済成長モデルの思い描く豊かさ

明治維新後、日本は西欧諸国に追い付け追い越せをモットーにして、富国強兵と殖産興業を掲げ、経済成長モデルを軸に置き、ひたすら近代国家づくりに邁進しました。第二次世界大戦後は、富国に注力し、戦後復興と高度経済成長を達成したのはご存じの通りです。この経済成長モデルの底流には、〝国が経済成長して豊かになれば、国民の生活も確実に豊かになっていく〟という考え方がありました。図4は、経済成長モデルが社会をどう発展させていくのかを

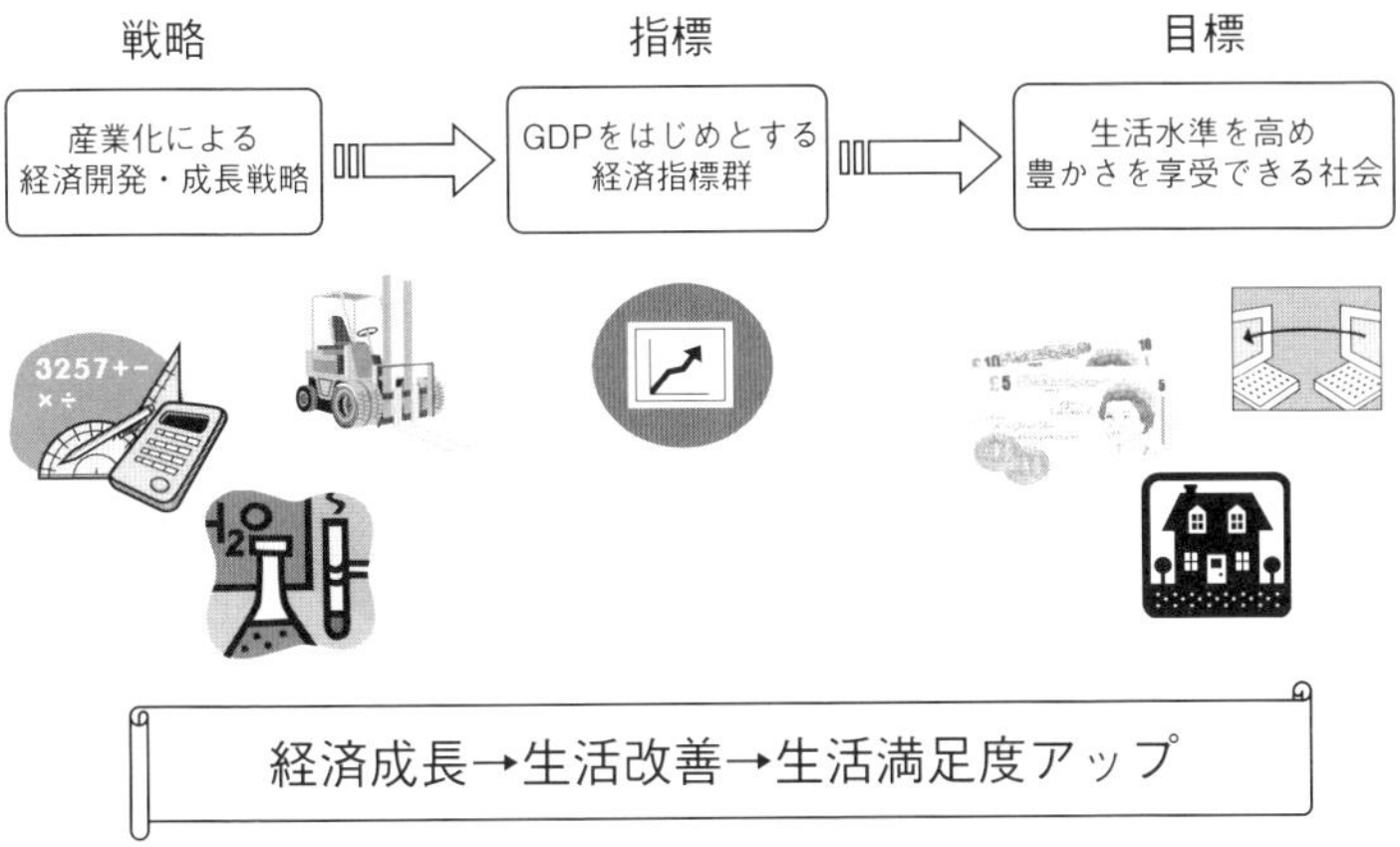

図4　経済成長モデルによる社会発展

示したものです。このモデルの目標は、人々の生活水準を高めて豊かさを享受できる社会にすることであり、その実現のため、産業化による経済成長戦略を実行していくことです。

では、経済成長モデルの「経済成長」とは何を意味しているのでしょうか。図の中で、経済成長の代表的モノサシは、ＧＤＰ（国内総生産）となっていますが、ＧＤＰは国内で生産した製品やサービスがどれほど売れているかを金額で表したものです。たとえば、プラスのＧＤＰであるなら、国内の企業活動が活発であり、雇用も増え、労働者の賃金も安定し、おしなべて国民は経済的に豊かになり、反対に、マイナスのＧＤＰになると、経済的に貧しくなると想定しているわけです。

経済成長モデルを採用する政府は、国の経済活動を牽引する中核産業を作り出すことに力を入れます。もちろん、企業は、技術開発に投資したり、技能労働者を育成したり、生産活動を円滑に進めるための資本を確保しなければなりません。市場で製品を売ることで、企業は収益を上げることができるわけです。収益が上がれば、新しい製品開発を手がけたり、製品の生産拡大もできるようになります。

また、企業で働く労働者には、雇用拡大や賃金上昇を通じて、企業収益の一部が分配されます。その産業が成長し続けるなら、労働者の賃金も上がっていく可能性が高いわけです。そうなれば、労働者の衣食住も改善するでしょうし、子どもの教育投資、ぜいたく品の購入へと波及していきます。

政府は、労働者と企業から所得税や事業税などを徴収するわけですが、企業収益が上がり、労働者の所得もアップすれば、税収も増え、経済インフラ、生活インフラ、教育、医療、社会福祉の公的サービスの拡大につなげることができるわけです。

第二次世界大戦後、日本経済の核となった産業は自動車と家電でした。1960年代から70年代にかけての高度経済成長期には、自動車や家電は、国内市場のみならず、海外市場へと販路を伸ばし、輸出を拡大させました。この結果、両産業への雇用者数も増加し、賃金も年々増えていったのです。自動車工場や家電工場を持つ地域では、地域経済が強く大きくなりました。日立市や豊田市のような企業城下町の登場と繁栄は、まさに経済成長モデルの成功を物語っています。

経済成長モデルが順調であれば、国民の生活は経済的に豊かになっていくと考えたわけですが、その成果は具体的にどのようなものだったのでしょうか。近代化のための経済成長モデルは、日本社会に何をもたらしたのでしょうか。そこで、経済成長モデルによって日本社会が得たものは何か、また、失ったものは何かを、暮らし向き、健康、そして、学校教育の3つに分けて、データをもとに見てみることにします。

経済成長モデルのしくみ

最初に経済成長モデルとは何かの話から始めたいと思います。図5は、経済成長モデルを図解したもので、経済システムを軸にして、経済成長モデルの特徴を具体的に示しています。

このモデルは、産業革命によって機械化工業の時代が始まり、化石燃料を活用することで、大量生産が可能になりました。この結果、人類は過去に類例のない物質的な豊かさを手に入れました。そして、新技術が生み出すさまざまな製品を使っていけば、ますます生活がよくなっていくと考えるようになったのです。

そこで、国民の生活を常によくしていくためには、国の経済力を強化し続けなければなりま

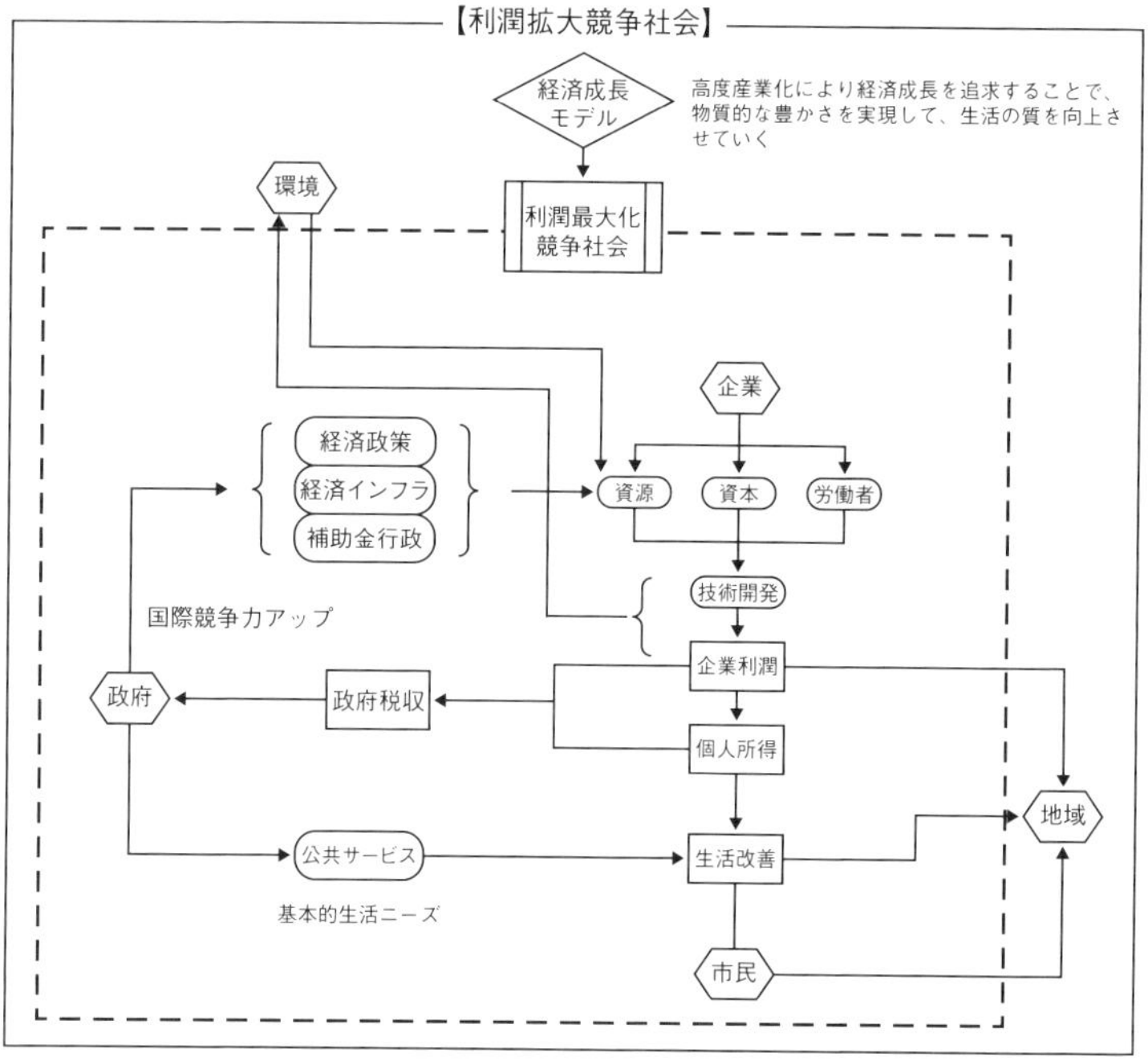

図5　経済成長モデルの図解

せん。このために、企業は利潤を上げ続ける必要があり、市場経済を勝ち抜くためには効率よく生産し、生産性を高めていかなければいけません。

しかし、市場競争の中で利益追求を重視すれば、原材料やエネルギー源として環境資源の際限のない利用やコストの切り下げが余儀なくされ、人件費カットや劣悪な労働環境を作り出してしまいます。図5の点線の内側は、経済成長モデルによってコントロールされている領域を指しているのですが、【環境】と【地域】は点線の外に置かれています。つまり、経済成長モデルは、【経済的利益】が最優先され、【環境】や【地域】がどうなるかは二の次に考えてきたのです。

経済成長モデルのもう1つの特徴は、経済活動の担い手である民間企業の役割がとても大きいということです。政府は、企業の利益追求のためにさまざまな政策を考え、民間企業を支援します。企業活動が活発になり、規模も大きくなれば、たくさんの雇用が生まれ、労働者には賃金の形で、政府には税金として、民間の経済力で蓄えた富が国の発展に活用できると考えるからです。

暮らし向きはどう良くなったのか

経済成長モデルの目的は、経済基盤を強固なものにして、日々の暮らしをよくしていくことですが、実際、どの程度生活が改善してきたのかを確かめてみることにします。

2019年の日本のGDPは、アメリカ、中国に次いで、世界第3位（表1）、世界有数の経済大国です。第3位はオリンピックなら銅メダルに相当するわけですから、大健闘といってよいでしょう。

表1　2019年の国別名目GDPトップ10[*1]

順位	国名	10億ドル（世界に占める割合%）
1	アメリカ	21,433.2（24.4）
2	中国	14,342.9（16.3）
3	日本	5,148.7（5.9）
4	ドイツ	3,861.1（4.4）
5	インド	2,875.1（3.3）
6	イギリス	2,826.4（3.2）
7	フランス	2,715.5（3.1）
8	イタリア	2,003.9（2.3）
9	ブラジル	1,839.8（2.1）
10	カナダ	1,736.3（2.0）

国民一人あたりのGDPと暮らし向き

しかし、【世界第3位のGDPは日本人の暮らし向きも世界第3位である】というわけではありません。私たちの暮らし向きがどうなってきたのかを確かめるためには、国民一人あたりのGDP[*2]を見てみる必要があります。

図6は、1996年から2019年までの約20年間の一人あたりGDPの推移を示しています。黒の線は、名目の一人あたりGDP（名目GDP）を、グレーの線は、年ごとの物価の違いを調整した実質の一人あたりGDP（実質GDP）を示しています。

まず、名目GDPから見ていくことにしましょう。山一證券と北海道拓殖銀行が破綻した1998年から2007年にかけて、日本の名目GDPは低迷しました。さらに、2008年になると、今度は、アメリカ発の世界的金融危機リーマンショックの影響から400万円を切るほどの水

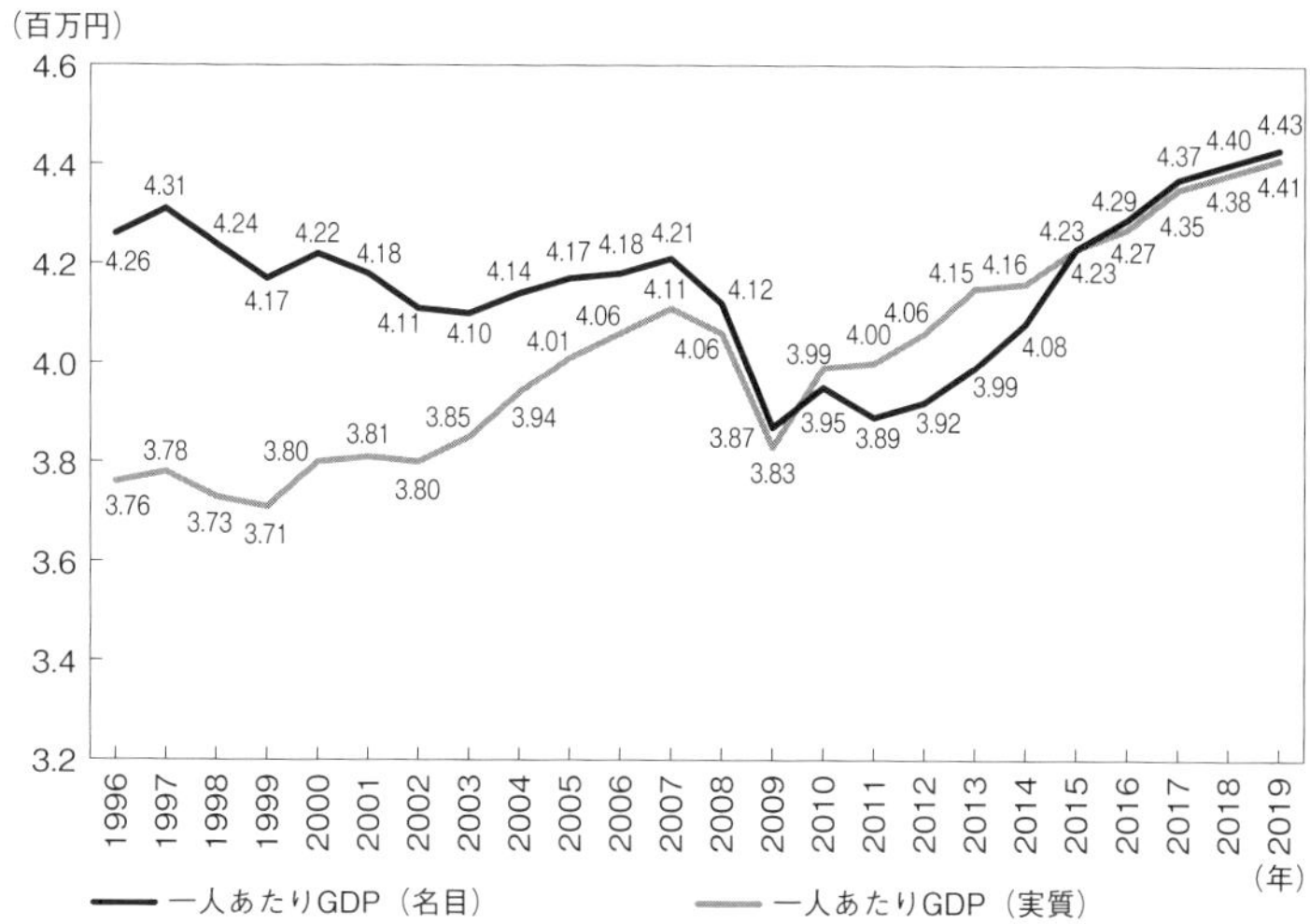

図6　一人あたりGDP（名目、実質[*3]）の推移

準にまで落ち込んでしまいました。

次に、実質ＧＤＰに目を移してみましょう。すると、大変面白いことがわかります。１９９６年から２００７年までは、名目ＧＤＰは低迷していたのですが、実質ＧＤＰは、毎年着実に伸び続けていたのです。名目ＧＤＰは伸びてはいなかったけれど実質ＧＤＰは伸びていたわけで、一体これはどういうことかといえば、給料はあまり増えなかったが、物価の下落によって、実際の購買力はそれほど悪くならなかったということです。

２０１４年以降は、山一證券破綻やリーマンショックのような経済を揺るがす大きな事件はありませんでしたが、名目ＧＤＰの伸びが実質ＧＤＰの伸びを少し上回るようになっていました。

期間全体を通して見ると、経済成長モデルによって、日本人の経済基盤は何とか維持されていたというところでしょう。

経済成長モデル下の暮らしの実像

所得水準を維持してきたとはいえ、やはり気になるのは、人々の暮らし向きはどうなっていたのか、また、人々はどのように日常の生活をやりくりしていたのかという点です。そこで、次に、厚生労働省が毎年実施している国民生活基礎調査[*4]のデータをもとにして、一世帯あたりの平均所得を見ながら、家計の変化を追ってみることにします。

図7は、全世帯、子どものいる世帯、高齢者世帯の3つのグループに分けて、一世帯あたりの平均所得（名目）の1995年から2018年までの推移を示しています。まず目を引くのが、全世帯の平均所得の動きです。1995年の全世帯の平均所得は659・6万円、1996年には661・2万円となりました。しかし、その後は減少に転じ、2013年に528・9万円を記録したあと、上昇に転じ、2018年は552・3万円となりました。期間中の最大と最小の幅に注目してみると、661・2万円から528・9万円と132・3万円でした。

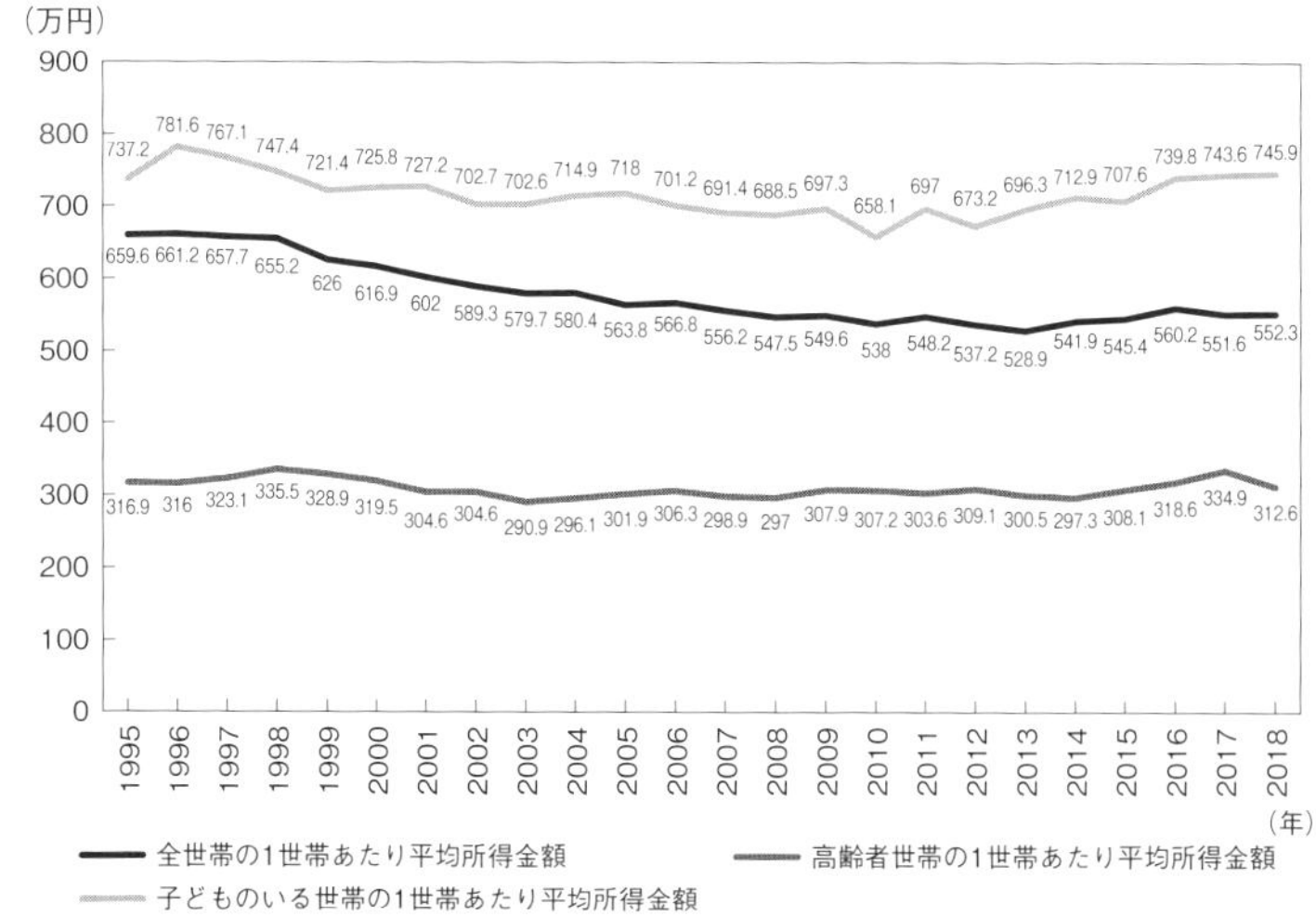

図7　1世帯あたりの平均所得金額（名目、全世帯、高齢者世帯、子どものいる世帯別）

1995年と2018年を比べてみると、659・6万円から552・3万円と107・3万円減少し、これを率に直すとマイナス16・2％にもなっていました。

世帯の平均所得の動きは、家族構成によって違いがあったのでしょうか。まず、子どものいる世帯の動きを見てみます。こちらは、1995年に737・2万円、1996年には781・6万円と上昇、その後、減少を続け、2010年に658・1万円を記録しましたが、2018年に745・9万円まで回復しました。期間中の最大と最小の幅に注目すると、781・6万円から658・1万円と、全世帯ほどではないのですが、123・5万円とこちらも大きなものでした。1995年と

2018年を比べると、737・2万円から745・9万円へと8・7万円増加し、これを率に直すとプラス1・1％でした。

次に、高齢者世帯の動きを見てみます。1995年の316・9万円から1998年の335・5万円へと増加しましたが、その後、減少に転じ、2003年に290・9万円を記録しました。その後、増減を繰り返しながら、2017年に334・9万円まで回復したのですが、2018年には312・6万円に減少してしまいました。期間中の最大と最小の幅に注目すると、335・5万円から290・9万円と、44・6万円減少しました。1995年と2018年を比べると、316・9万円から312・6万円と4・3万円減少し、これを率に直すとマイナス1・3％でした。

このように、一世帯あたりの平均所得の推移は、全世帯、子どものいる世帯、高齢者世帯によって、動き方に違いがありました。子どものいる世帯は増加していましたが、わずかな伸びに過ぎず、平均所得の推移を見るかぎりでは、経済成長モデルがめざす力強い成長を達成しているようではありません。

20世紀と21世紀をまたいだ20年間に、日本の家族構成は大きく変わり、少子高齢化が進んだことで、一世帯あたりの人数は減りました。そうなると、単純に世帯間を比べただけでは、日本人の生活がどう変わってきたのかを評価することが難しくなります。そこで、次に一世帯あ

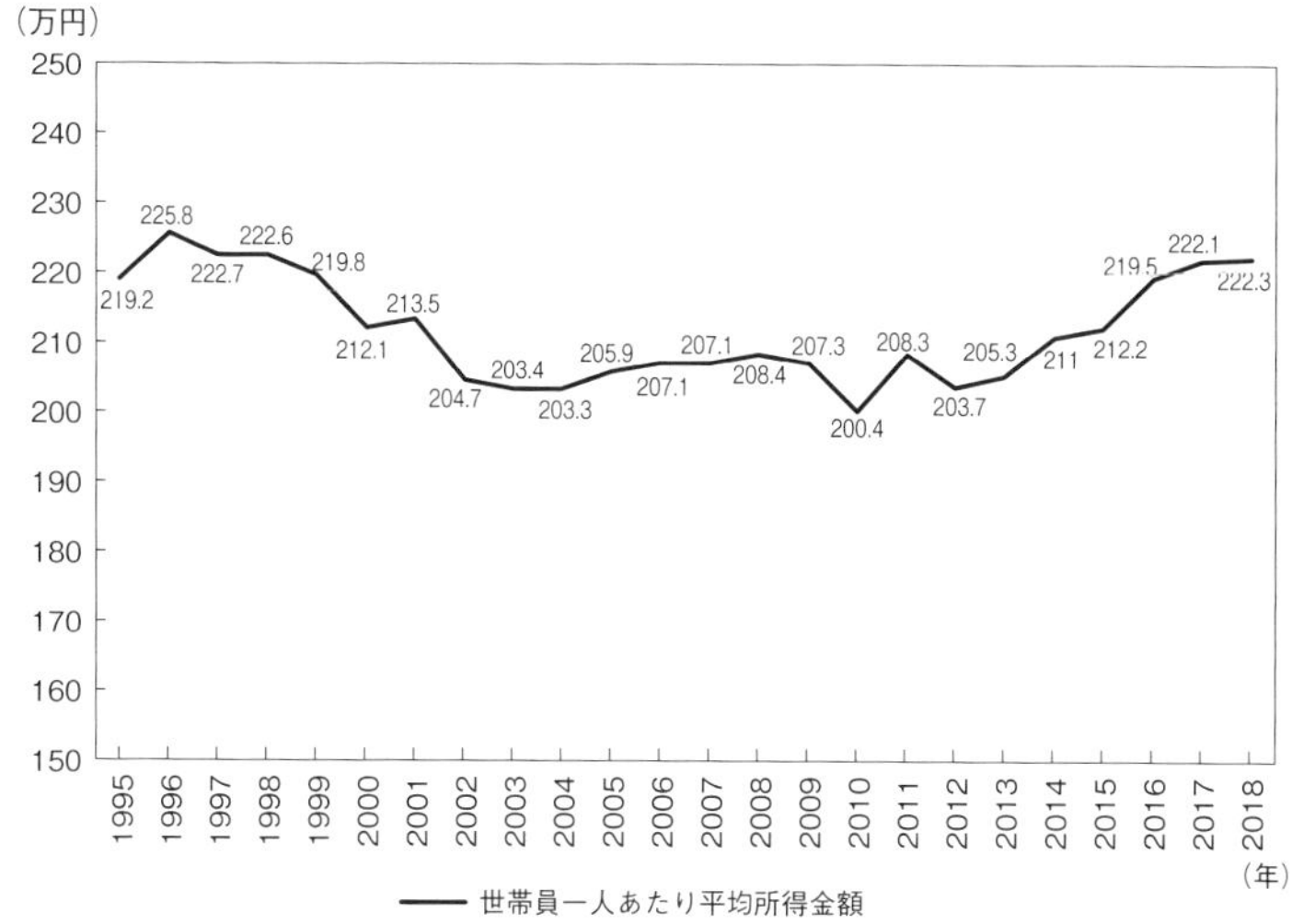

図8　世帯員一人あたり平均所得金額

たりの平均所得から世帯員一人あたりの平均所得へと視点を変えて、平均所得の変化を追ってみることにします。

図８は世帯員一人あたりに換算した平均所得のデータです。この図から、図７の世帯あたりの平均所得の動きからは見えてこなかった暮らしの実像が浮かび上がってきます。世帯に注目している時には、平均所得はかなり低下していたのですが、世帯員一人あたりの所得に換算し直すと、所得の減少幅はかなり小さくなり、２０１２年以降は増加に転じ、２０１８年には２２２・３万円となっていました。それでも、１９９６年の２２５・８万円の水準には及ばず、日本経済の長期低迷は否めません。

利益のパイを奪い合う社会

経済成長によって企業が獲得した利益は、社会の中でどのように分配されたのでしょうか。豊かな国をめざしているわけですから、経済成長の果実である利益が社会の改善にどうつながっているのかを注意して見ておく必要があります。

図9は、一世帯あたりの平均所得のデータに加えて、毎年の平均所得の中央値[*5]の推移と、平均所得に届かなかった世帯数がどれくらいあったのかの割合を示しています。これを見ると、平均所得と中央値は両方とも年々減少していたことがわかるのですが、驚かされるのは、中央値の減少幅のほうが平均所得のそれよりも大きかったという点です。先に述べたように、平均所得は1995年に659・6万円でしたが、2018年に552・3万円に減少、減少幅は107・3万円で、減少率は16・2%でした。これに対して、中央値は1995年に545万円でしたが、2018年に437万円に減少、減少幅は108万円で、減少率は19・8%でした。

中央値とは、すべての人を所得の大きさの順に一列に並んでもらい、その列の真ん中に位置する人の所得のことです。つまり、平均所得の減り方よりも、「ちょうど真ん中に位置する人の所得の減り方」のほうが遙かに大きかったというわけです。

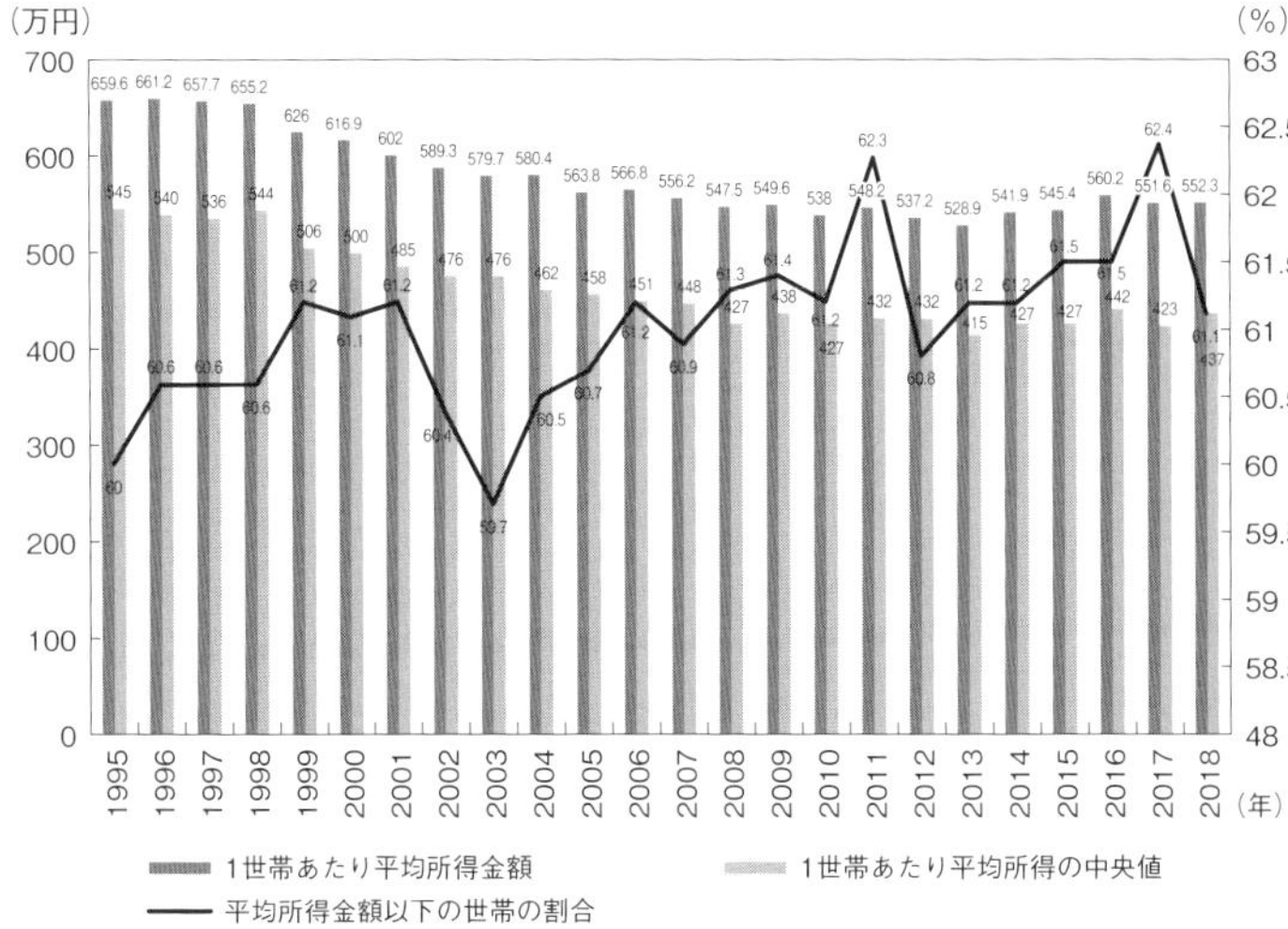

図9　1世帯あたりの平均所得、平均所得の中央値と平均所得金額以下の世帯の割合

これはどういうことかといえば、経済成長モデルのもとにあった1995年から2018年の間で、すべての人の所得レベルが一様に減少したわけではなく、むしろ、所得を増やした人、減らした人、大きく減らした人というように差がついてしまい、所得を増やした人よりも、減らした人や大きく減らした人の数が多くなり、所得格差の幅が拡大していったのです。

実際、平均所得に満たない家計は全体の60%以上になり、この割合も減るどころか、少しずつ増えてしまいました。[*6] 日本の経済活力の低下により、国全体の収益の大きさが頭打ちとなる中、小さくなっている利益のパイを奪い合いながら、やりくりする家計が増え続けていったというのが実態だったのです。

貧困世帯の増加と高止まり

利益のパイの奪い合いによって、もっとも影響を受けやすいのは、所得の低い層、とりわけ貧困世帯です。まだ鮮明に記憶している方も多いと思いますが、2008年のリーマンショックの余波は厳しく、非正規雇用者を中心に仕事を失った人が急増、生活困窮者となってしまいました。彼らを支援するため、当時の政府とNPOが協力して、年越し派遣村が日比谷公園に作られました。このことは、大々的にマスコミを通じて報道され、その結果、日本においても、食べるものに困る貧困者の存在がクローズアップされるようになりました。

その後、貧困問題は解消されていったのかといえば、残念ながら、そうはならず、日本は先進国の中でも、最も貧困率の高い国の1つになってしまいました。では、実際、どれくらいの世帯が貧困世帯なのでしょうか、この点をデータで見てみましょう。

図10は、厚生労働省が実施している国民生活基礎調査[*7]のデータをもとに、貧困線と貧困率の推移を示したものです。まず、貧困率を見てみると、1985年は12%、約8人に1人が貧困状態にありましたが、2015年は15・7%となり、約6人に1人へと状況は悪化してしまい

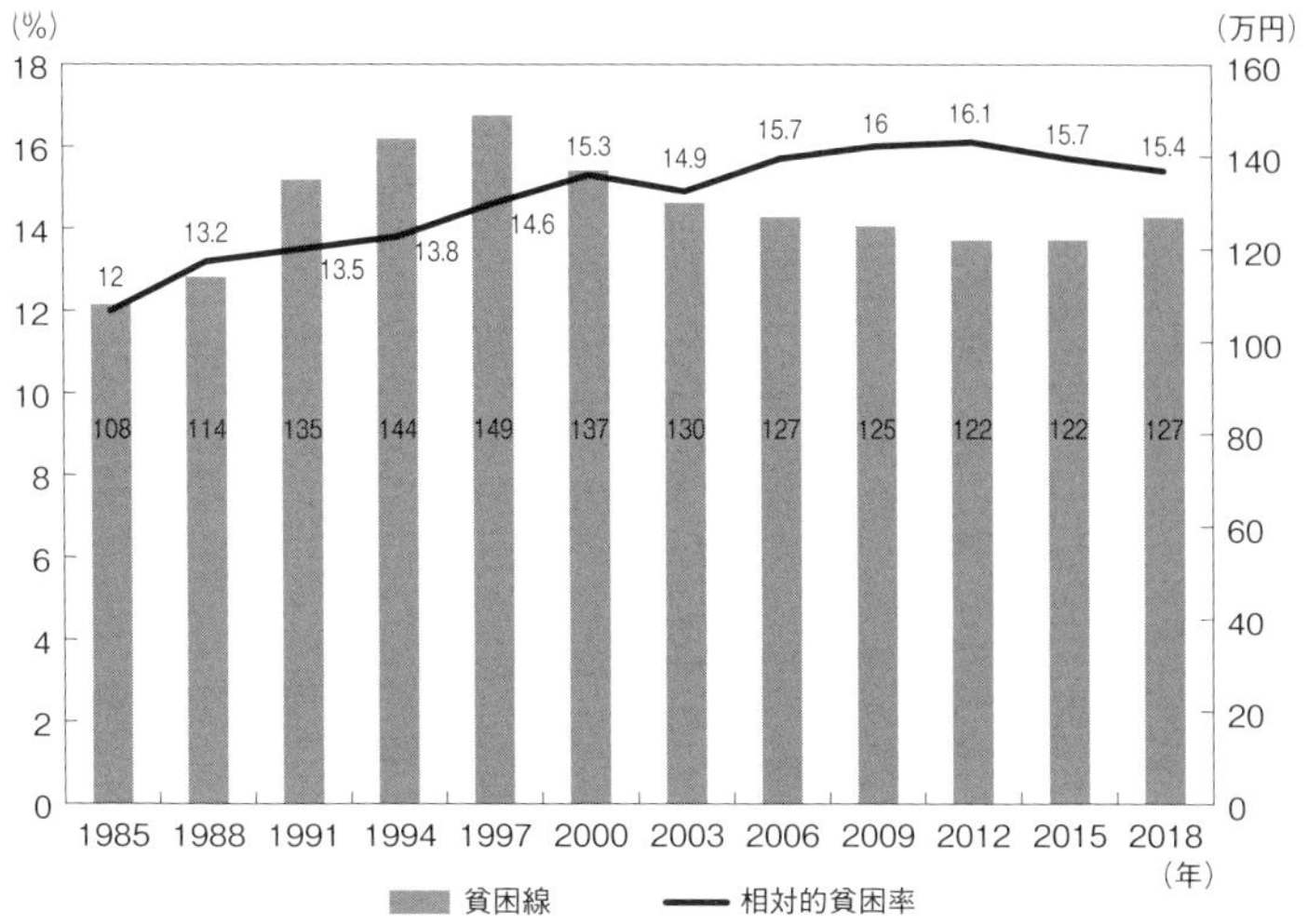

図10　貧困線と相対的貧困率の推移

ました。貧困線は、OECDの基準（一人あたり平均所得の中央値の50%に満たない家計水準）によって算定されていますが、この貧困線も、2000年以降、その基準額が減り続け、1997年に149万円であったものが、2012年以降は122万円になってしまいました。

貧困かどうかを線引きする基準線が下がっても、貧困割合が増え続けていたわけですから、貧困層の生活は改善するどころか、ますます苦しくなっていたことがよくわかります。とくに、ひとり親家庭の貧困率は、2018年に48・1%と高く、半数近くが貧困状態にあり、その生活実態は極めて厳しいものがあります。

大学で貧困についての話をすると、学生

は一様に驚きます。日本に貧困はほとんどないと思っていたけれど、そうではなく、他国と比べてもこんなに多いなんてといい、かなり強い衝撃を受けるようです。

日本は、経済成長モデルを採用し、近代化をめざしてきました。この10年に限ってみても、経済成長戦略を作り、企業活力向上のための経済政策、異次元の金融緩和、日銀の株式購入などを実行しました。大企業の企業収益を上げることで、雇用を増やし、消費を活発にし、国民生活の改善をめざしたわけです。

しかし、平均所得のデータや貧困率のデータを見る限り、GDPが増加しても、多くの国民の生活改善につながってはいないこと、それどころか、むしろ、富める者はますます富み、他方、日々の生活にも困る低所得家庭が増えていたのです。残念ながら、経済成長モデルは、肝心要の経済面においてすら生活改善を確かなものにできたとは到底いえません。

心身の健康はどう良くなったのか

小さい時、母から事あるごとに、耳にたこができるぐらいいわれたことがあります。「何よりも大事なのは健康」でした。この言葉は、世界中の親の子に対する素直な気持ちを表していると思います。すべての国民が健康で長生きできる社会づくりをめざすことは、どの政府にと

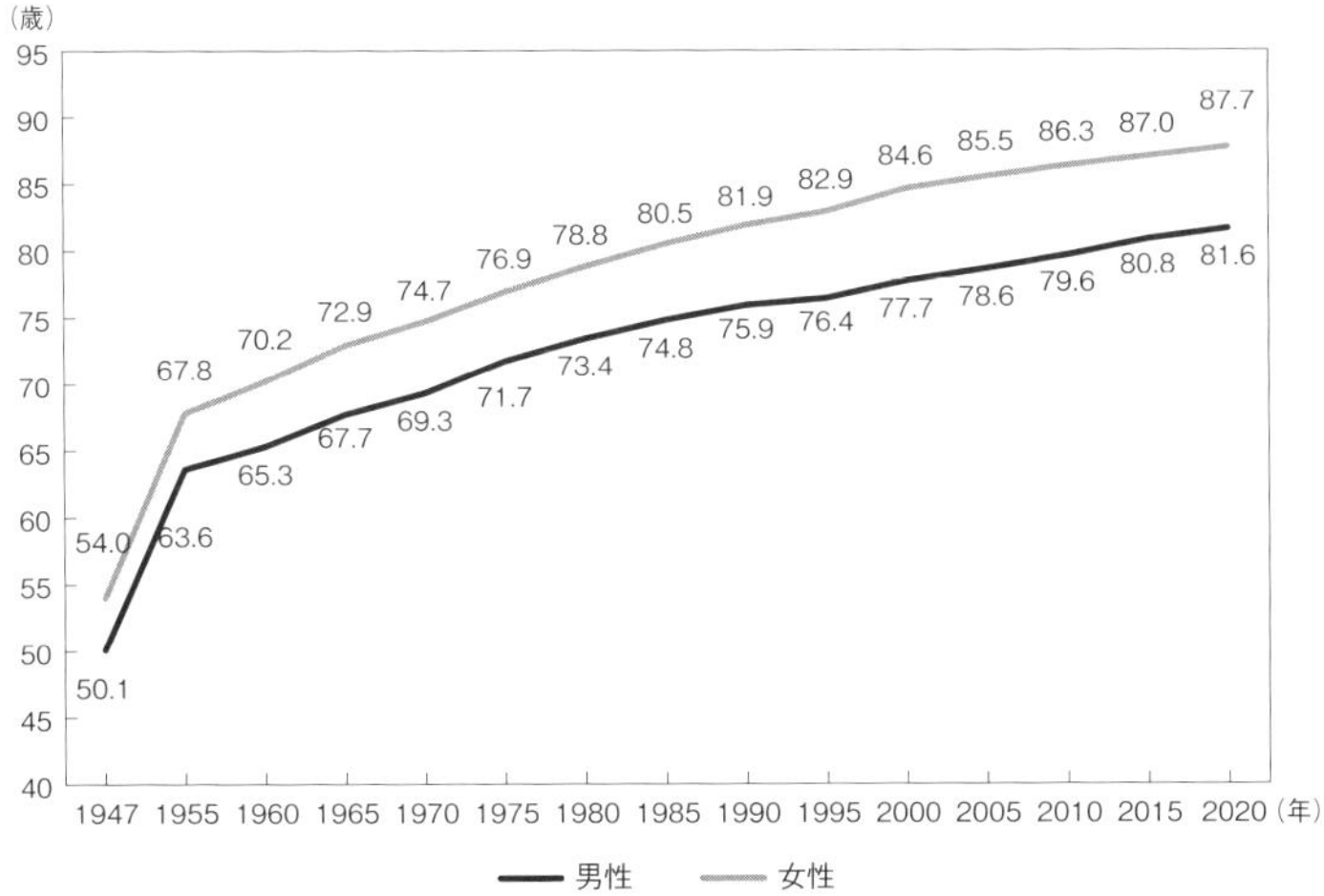

図11　平均寿命の推移

っても最重要課題の1つに違いありません。そこで、経済成長モデルの成果を国民の健康から確かめてみることにします。

世界トップクラスの長寿国へ

日本人はどれくらい長く生きられるようになったのでしょうか。図11は、厚生労働省の生命表[*8]のデータから、1947年から2020年までの日本人の男女別の平均寿命（歳）を折れ線グラフにしたものです。

1947年といえば、第二次世界大戦後まだ間もなく、戦争の残した爪痕が深く、生活インフラもままならない中、人々は日々生き延びるのに精一杯という大変な時期でした。それを裏付けるように、平均寿命は男女ともに50歳代前半ととても短いものでした。ところが、1951年にサンフランシスコ講和条約を締結し、再び国家主権を回復してからは、急速に戦後復興が進み、1955年以降の平均寿命は右肩上がりになりました。そして、2015年になると、男性・女性ともに80歳代に到達し、世界トップ3の長寿国になったのです。この成果は、経済成長モデルがもたらしたものであるといっても決して言い過ぎではないでしょう。

ここで、経済成長モデルがどのように長寿と関係しているのかを考えてみましょう。順調に経済成長していけば、企業収益も増えていき、その結果、程度の差はありますが、企業労働者の賃金も増えていきます。懐が暖かくなれば、もっと栄養価の高い食材を買えるようになり、栄養状態もよくなっていきます。

また、政府の税収も増え、政府予算の中から、医療従事者の養成や医療機関や保健所の整備、公園や体育館などの施設整備を進めることができます。1960年代には国民皆保険制度が導入され、医療機関と保険制度の整備とも相まって、病気やけがをしても、深刻な状態に陥る前に、医療機関で治療を受けられるような体制が構築されたのです。こうして、日本は経済成長モデルによって国民が長生きできる社会になったといってよいでしょう。

健康寿命に注目する

「ぴんぴんころり」という言葉のように、人生の最期まで元気であり続けたいと願っている人は多いと思います。残念ながら、高齢になると、病気にかかりやすく、けがをすることも多くなります。場合によっては、治療した後も、歩行補助器具なしでは生活できなくなったり、定期的に透析を受けなくてはならない、場合によっては、寝たきりになってしまうこともあります。

今では、自分の年齢から平均寿命をもとにして、単純に何年ぐらい生きられそうかを計算できますが、その間ずっと健康なのかそうでないのかはわかりません。長生きしているけれど、すでに認知症になっていて自立生活が難しい状態にあるのかもしれませんし、病気やけがで寝たきりで過ごしているのかもしれません。そう考えると、単に平均寿命が伸びているからといって、手放しで喜んではいられないわけです。

実は、平均寿命よりも、注目すべきは「健康寿命」のほうです。健康寿命は、一生の中で、他人の介護や支援を受けることなく、自立して健康で生きられる年数がどれくらいになるのかという生活の質を考慮した指標です。理想は、平均寿命と健康寿命の長さがぴったり一致していることで、おそらくこれ以上素晴らしいことはないでしょう。しかし、もしも、両者の間に大きな差があるようなら、何とかして、その差を縮めていくようにして、健康に過ごす期間を増やしていくことが必要です。

そこで、健康寿命のデータを見てみましょう。図12は、「日常生活に制限のない期間の平均期間」をもとにして、健康寿命[*9]を計測、その推移を図にしたものです。これを見ると、平均寿命と同じように、女性のほうが男性よりも健康寿命が長いことがわかります。ところが、平均寿命ほどの男女間の違い（約6年）はありません。言い換えれば、女性は長生きするけれど、健康ではない期間も長いのです。

では、一生のうちで、平均するとどれくらいの期間、不健康な状態[*10]でしょうか。このことを確かめるために、今度は、平均寿命を分母に、健康寿命を分子にして、両者の比率を計算し、図13にしてみました。

これを見ると、男性は、一生のうちで、約10～11％が日常生活に制約がかかる不健康な期間と見込まれるのですが、他方、女性は、一生のうち約14～15％であることがわかります。「ぴんぴんころり」の人を増やしていくためには、日常生活に制約のかかる期間をできるだけ減らし、健康な期間を伸ばしていく必要があるのです。

図14は、平均寿命と健康寿命の伸び率を２００１年を基準年として計測したものです。これを見ると、２０１０年までは、平均寿命の伸びのほうが健康寿命の伸びよりも大きかったので

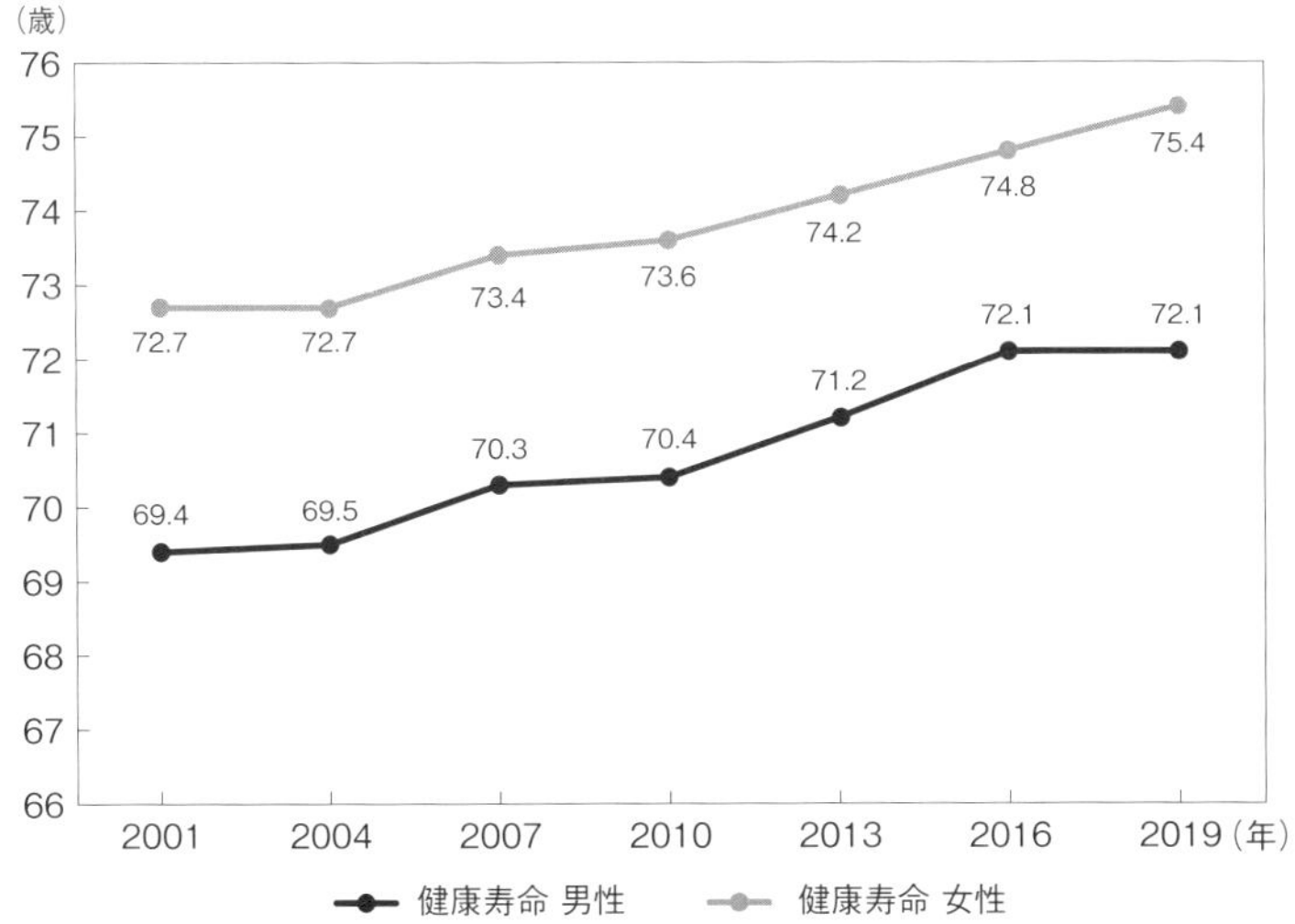

図12　健康寿命の推移

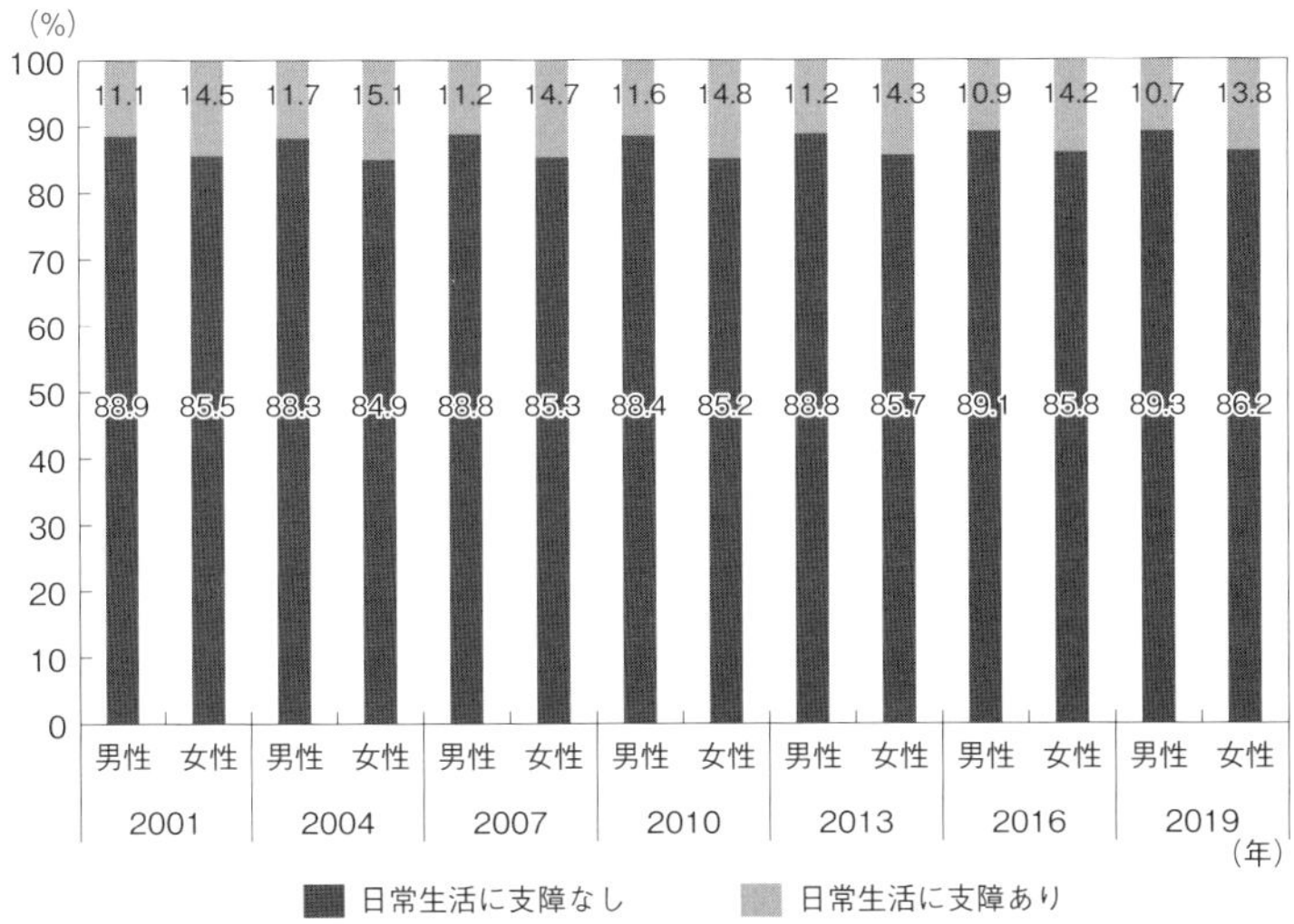

図13　日常生活に支障なく生活できる期間の割合の推移

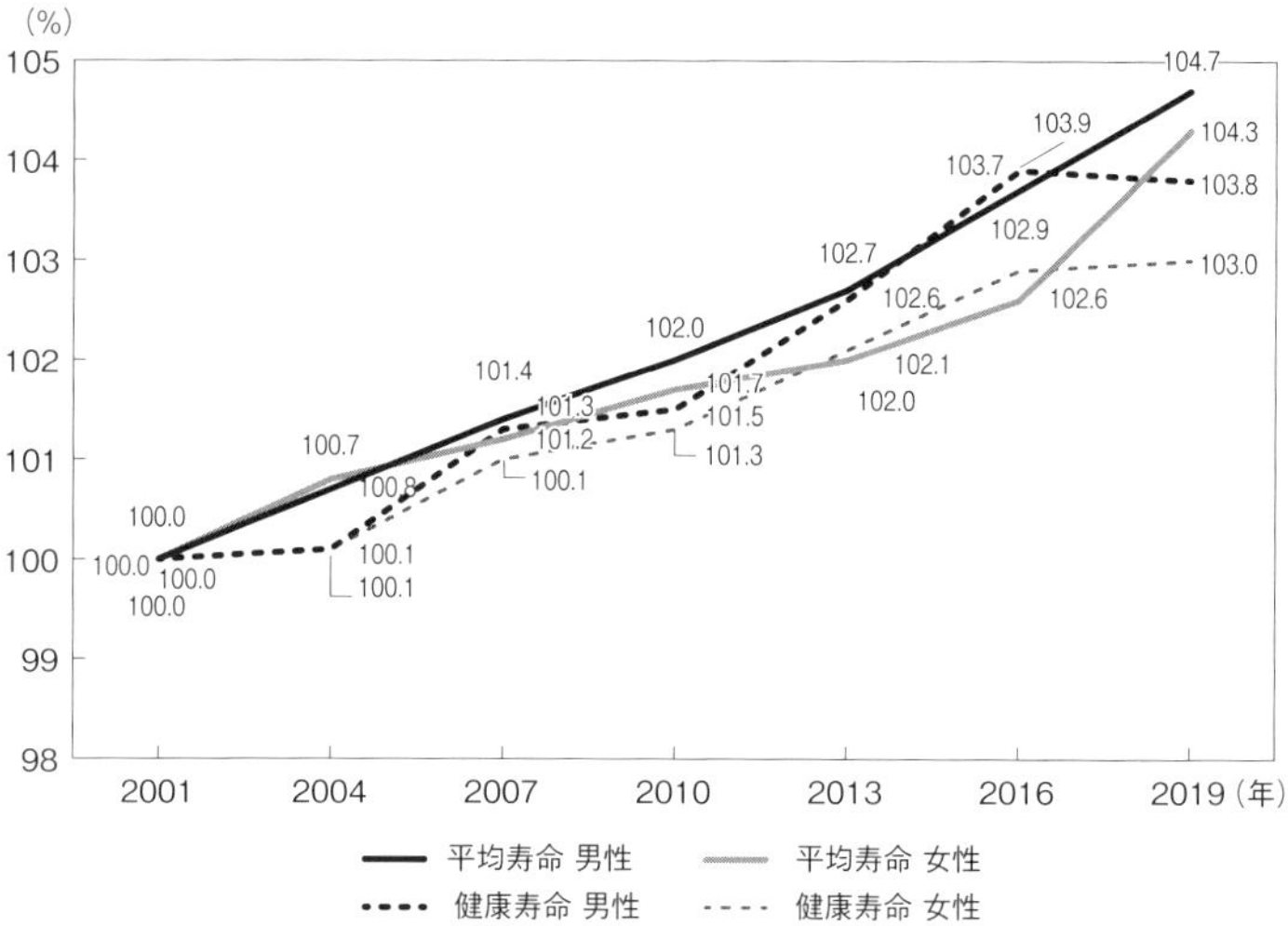

図14　平均寿命と健康寿命の伸び（2001年＝100）の推移

すが、２０１３年以降は、健康寿命の伸びのほうが平均寿命の伸びを上回るようになりました。より健康に暮らせる期間が徐々に長くなってきているわけで、これはとても良い傾向です。

健康寿命を伸ばすことに力を入れてきたことは評価できますが、データがあれば、所得の違いによって寿命の長さが違っているのかどうか、つまり、社会属性や生活状態によって、寿命に格差があるのかどうかを掘り下げてみる必要があると思います。

教育はどう良くなったのか

よりよい人生を送るために大切なこと

は何でしょうか。健康に暮らしていくことは、間違いなく、その1つでしょう。でも、それだけでよい生き方ができるわけではありません。自らの可能性を追い求め、夢を実現していく生き方ができるかどうかも大事なことです。

ここで、夢を叶えることについて考えてみることにします。人が夢を叶えるには、その人の持つ才能を見いだし、それを磨きあげたり、あるいは、新しい技能を身につけていくことが欠かせません。経済成長モデルのもと、どれだけ多くの人が才能や技能を磨くことができるようになったのでしょうか。

才能を伸ばし、技能を磨く教育

すべての人が持って生まれた天賦の才を持ち、自然とその才能が磨かれ、それを生かして人生を送ることができるとしたら、どれほど素晴らしいことでしょう！

人間は、生まれた時、「おぎゃー」と泣いたり、音を発することができます。しかし、自分の気持ちや考えを他人に伝えたり、他人の気持ちを受け止めたりできるようになるためには、いろいろな音を組み合わせて言葉にしていくことを身につけていく必要があります。

成長とともに、本を読んだり、YouTubeを見たりして、新しい情報や技術を身につけ、持っている才能を伸ばしたり、技能を磨くようになるわけです。もともと好奇心旺盛な人は、自分に何ができるのか、何をしたいのかを考え、そのために行動を起こしていくのかもしれませんが、すべての人が自らの才能を磨いたり、能力の向上に努められるわけではありません。なぜなら、自分の意志だけではなく、生活する地域の環境や家族の状況に左右されるものでもあるからです。

才能や技能を磨くことは、個人にとって大事なことではあるのですが、それだけにとどまらず、国や社会にとっても重要なことです。実際、経済成長モデルによって近代化を推進するには、高度な技能を持つ人材が必要とされ、そのために、学校教育を整備してきました。

時代は遡りますが、江戸時代には、諸藩の領主は、世継ぎの子息に対して、国を守り、発展させる能力を授けるための教育を施しました。しかし、農民の子に生まれると、私塾や寺子屋以外で、教育を受ける機会はありませんでした。

明治維新後、国づくりの担い手となる人材育成のため、アメリカの教育制度を参考にして、学校教育が導入されました。江戸時代とは異なり、国が身分に関係なく人材の発掘と育成に本腰を入れるようになったわけです。

導入された学校教育は、個人の力を伸ばしていくためのものというよりも、社会秩序を守る国民を育成し、その中から、優秀な人を官僚や技術者として養成し、役所や会社を発展させる、いわば国力増強のための人づくりを目的としていました。経済成長には、生産性の高い競争力のある産業育成が必要で、そのために学校教育や職業訓練が必要とされました。そこで、政府は国家予算を投入し、初等・中等教育から高等教育に至るまで全国に学校を整備したのです。

伸びる高校と大学への進学率

では、実際、学校教育の成果はどうだったのでしょうか。どれくらいの割合の子どもが学校教育を受けられるようになったのでしょうか。そこで、9年間の義務教育修了後、高校や大学への進学率はどうなったのかを見てみます。

図15は、高校等への進学率[*11]（以下、高校への進学率）を、図16は大学等への進学率[*12]（以下、大学への進学率）を全数・男子・女子の3つのグループに分けて示しています。第二次世界大戦後から10年経った1955年の高校への進学率と大学への進学率は、どちらも低く、高校に進学したのは、51・5％（全数）と約2人に1人、大学に進学したのは、18・4％（全数）と約5人に1人に過ぎませんでした。ところが、1960年代以降、この様相が大きく変わります。高校への進学率（全数）は、57・7％（1960）⇒82・1％（1970）⇒94・2％（1980）⇒94・4％（1990）⇒95・9％（2000）となり、ほぼ義務教育といっても差し支えないほどに定着するよう

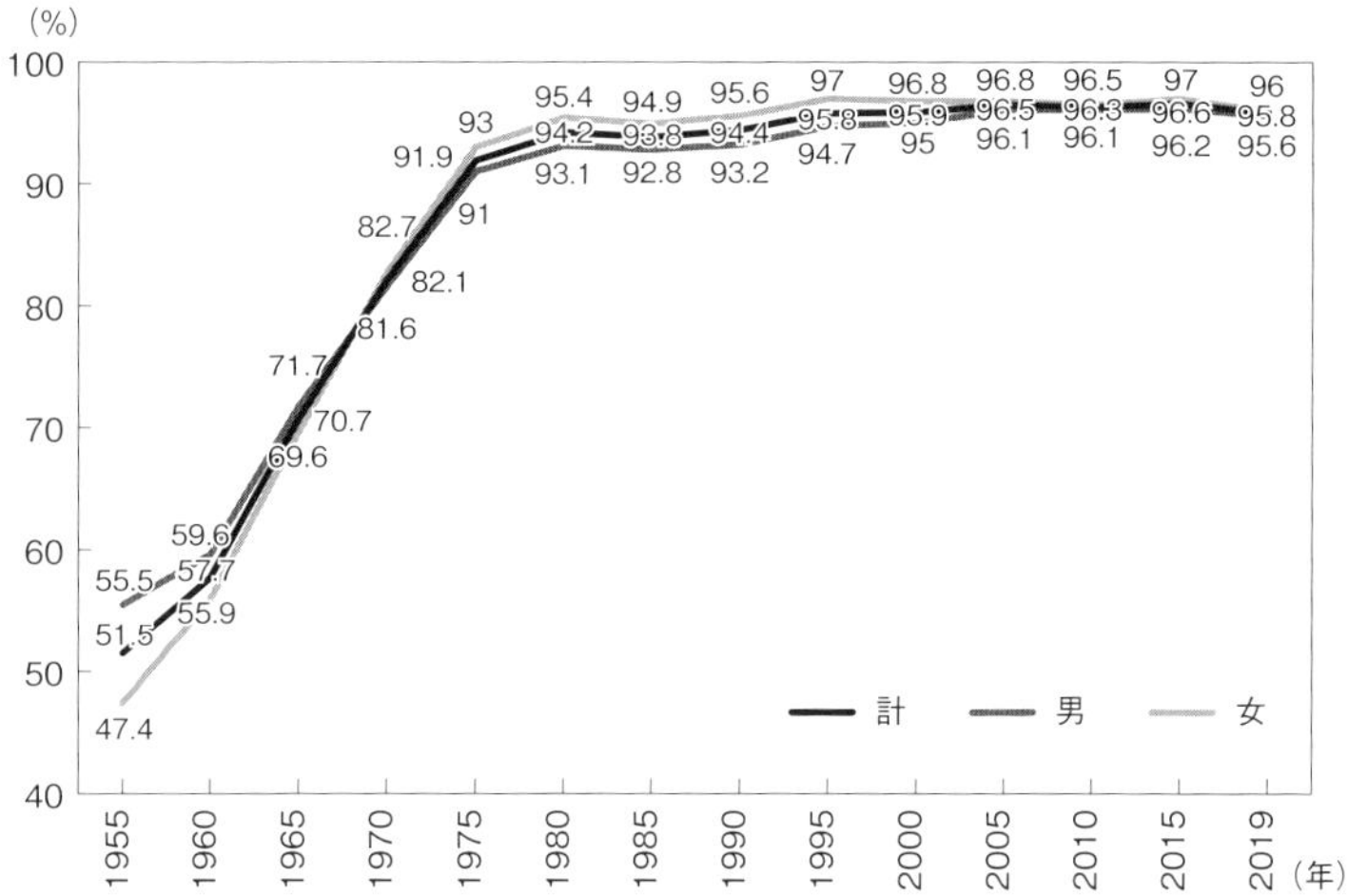

図15　高校等への進学率の推移（1955 ～ 2019年）

出所：学校基本調査[*13] 年次統計

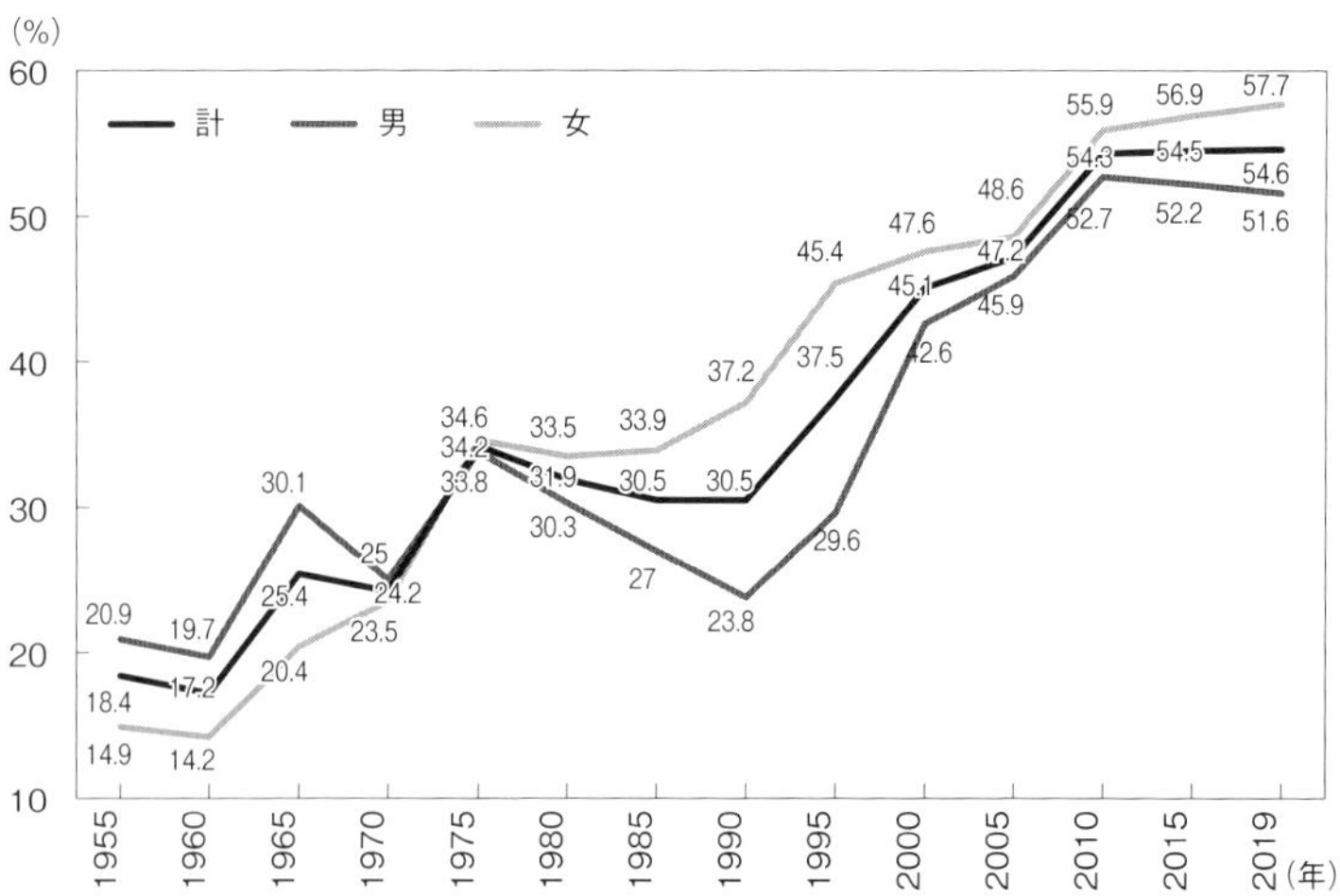

図16　大学等への進学率の推移（1955 ～ 2019年）

出所：学校基本調査 年次統計

になったのです。

また、大学への進学率（全数）も、17・2％（1960）⇒24・2％（1970）⇒31・9・％（1980）⇒30・5％（1990）⇒45・1％（2000）と目覚ましく伸びていきました。2010年には54・3％となり、2人に1人以上が大学に進学する時代になりました。

特筆すべきは、男子の進学率と女子の進学率が1970年代に逆転したことでしょう。高校への進学率を見ると、1965年の男子71・7％、女子69・6％が1970年に男子81・6％、女子82・7％となり、女子が男子を逆転しました。また、大学への進学率を見ると、1970年の男子25・0％、女子23・5％が1975年に男子33・8％、女子34・・6％と女子が男子を逆転しました。以降、どちらも、常に女子の進学率が男子を上回っています。このことから、日本では、男子と女子に関係なく、学校教育の機会均等が保障されており、それがしっかりと定着しているといってよいでしょう。

いじめと不登校生徒の大幅増

経済成長モデルを成功させるためには、経済を牽引できる産業発展に貢献する人材が必要です。技術開発から生産現場、そして、営業に至るまで、単純労働者から熟練労働者まで、非熟練から熟練労働の育成がカギを握っています。近代化の早い段階で、全国に学校教育制度を定着させたこと、そして、現在に至るまで、中等・高等教育修了者を数多く育成してきたことは高く評価できます。

ただ、慎重に考えておかなければならないこともあります。学校制度の整備が順調に進み、高校進学のみならず、大学進学も可能になったけれど、そのことによって、すべての子どもが自分の知識や技能を存分に伸ばしていける環境にあったのかどうかという点です。

教育を受ける権利は憲法26条[*14]で保障されています。小中学校は義務教育であり、就学年齢になったら、学校で教育を受けることが法律で義務づけられています。誰もが学校教育を受けることができるのは、素晴らしいことですが、楽しく学校に通っているかどうかはわかりません。

実は、さまざまな理由から、学校に行きたくないという子どもの数が近年増加し続けてきています。中でも、いじめを理由とする不登校は深刻です。

図17は、いじめの発生率（児童・生徒1000人あたりのいじめの認知件数）の推移を示しています。この図は少しややこしいので、その見方を説明しておきます。データ収集の対象の違いから、3期に分けています。データの中身が違うため、1期目の1985年と3期目の2019年の数値をそのまま比較しても適切に解釈できないからです。そこで、1期、2期、3期に分けて、各期ごとにいじめ発生の動向を見てみます。

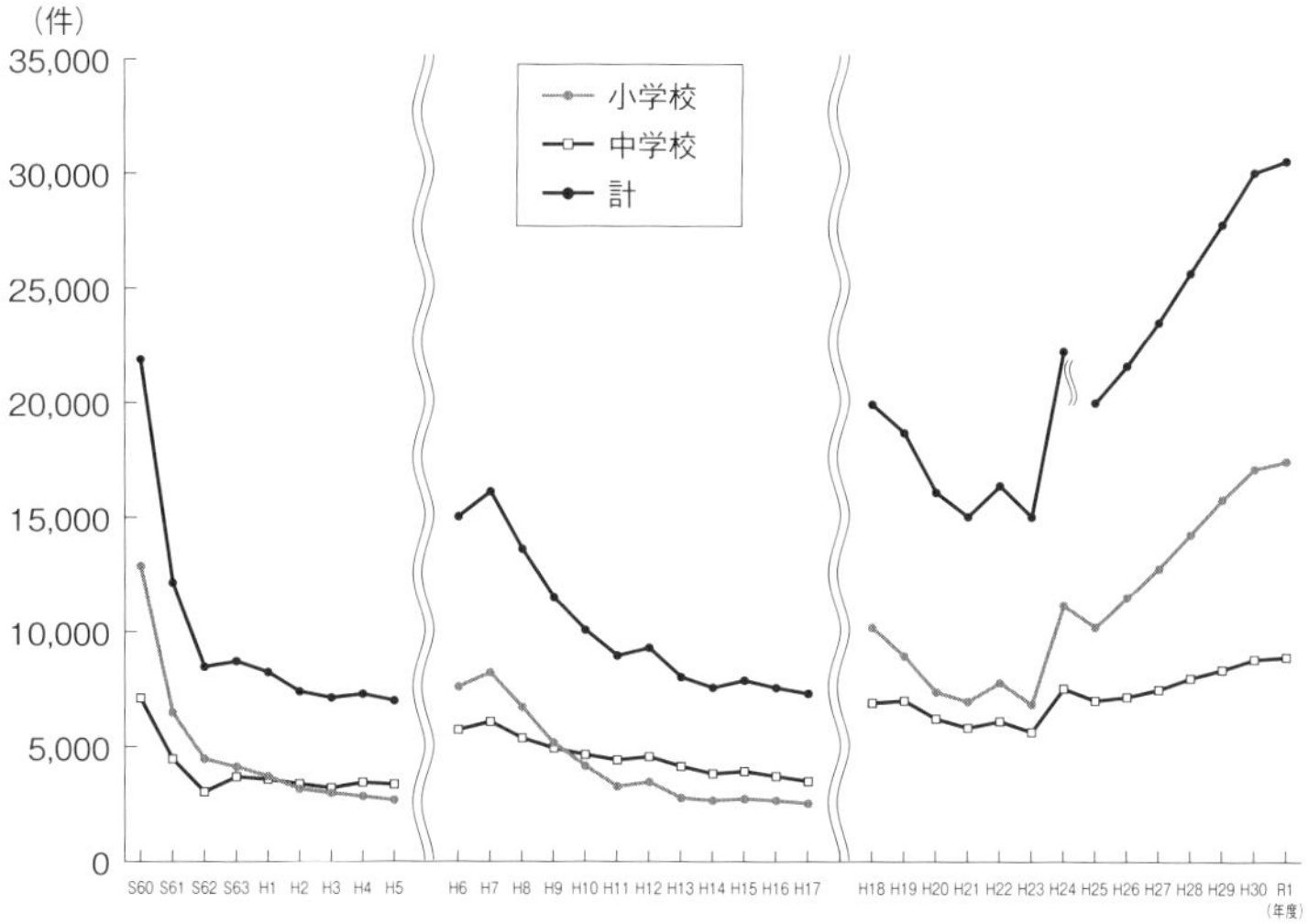

図17　小中高校のいじめ認知（発生）率の推移（1985～2019年）

出所：令和元年度 児童生徒の問題行動・不登校等生徒指導上の諸課題に関する調査結果について（文部科学省）

1期目（1985年から1993年）のいじめの発生率は1985年がピークでしたが、それ以降は低下し、半減しました。次に、2期目（1994年から2005年）では、1995年をピークにして、それ以降は減少しました。ところが、3期目（2006年から2019年）は、かなり様相が違うものでした。いじめの発生率が徐々に増加し続け、3期目最終年の2019年がピークになったのです。

このことは一体何を意味しているのでしょうか。3期目のように、尻上がりにいじめの発生率が高くなっていったということは、不登校になり、学びの機会を奪われていく子どもたちが年々増え続けていったということになります。

では、実際、学校に通わなくなってしまった子どもたちはどれぐらいいたのでしょうか。文部科学省は、不登校についての調査[*15]を行っており、その調査は「不登校」を次のように定義しています。「不登校とは、何らかの心理的、情緒的、身体的、あるいは社会的要因・背景により、児童生徒が登校しないあるいはしたくともできない状況にあること（ただし、病気や経済的理由によるものを除く。）をいう」。そして、この調査では、小学校と中学校に在籍する児童の中で、連続または断続して30日以上欠席した児童生徒のうち、不登校を理由とする者を対象にしています。

図18は、文部科学省の調査データを基にして、小中学校の不登校者数の推移を示したものです。これを見ると、小学校と中学校の両方で、不登校者の割合が増えていることがよくわかります。

まず、小学校を見てみましょう。１９９１年には、不登校生徒は生徒１０００人あたり約１人でしたが、これが、２０１９年になると、生徒１２０人あたりに約１人と８倍増になりました。中学校はどうでしょうか。１９９１年には生徒１００人あたり約１人で、小学校に比べて、不登校の生徒が10倍いたのです。２０１９年になると、生徒約25人あたりに１人と4倍増になっていました。よく見ると、２０１２年までは不登校者の割合は減っていたのですが、２０１

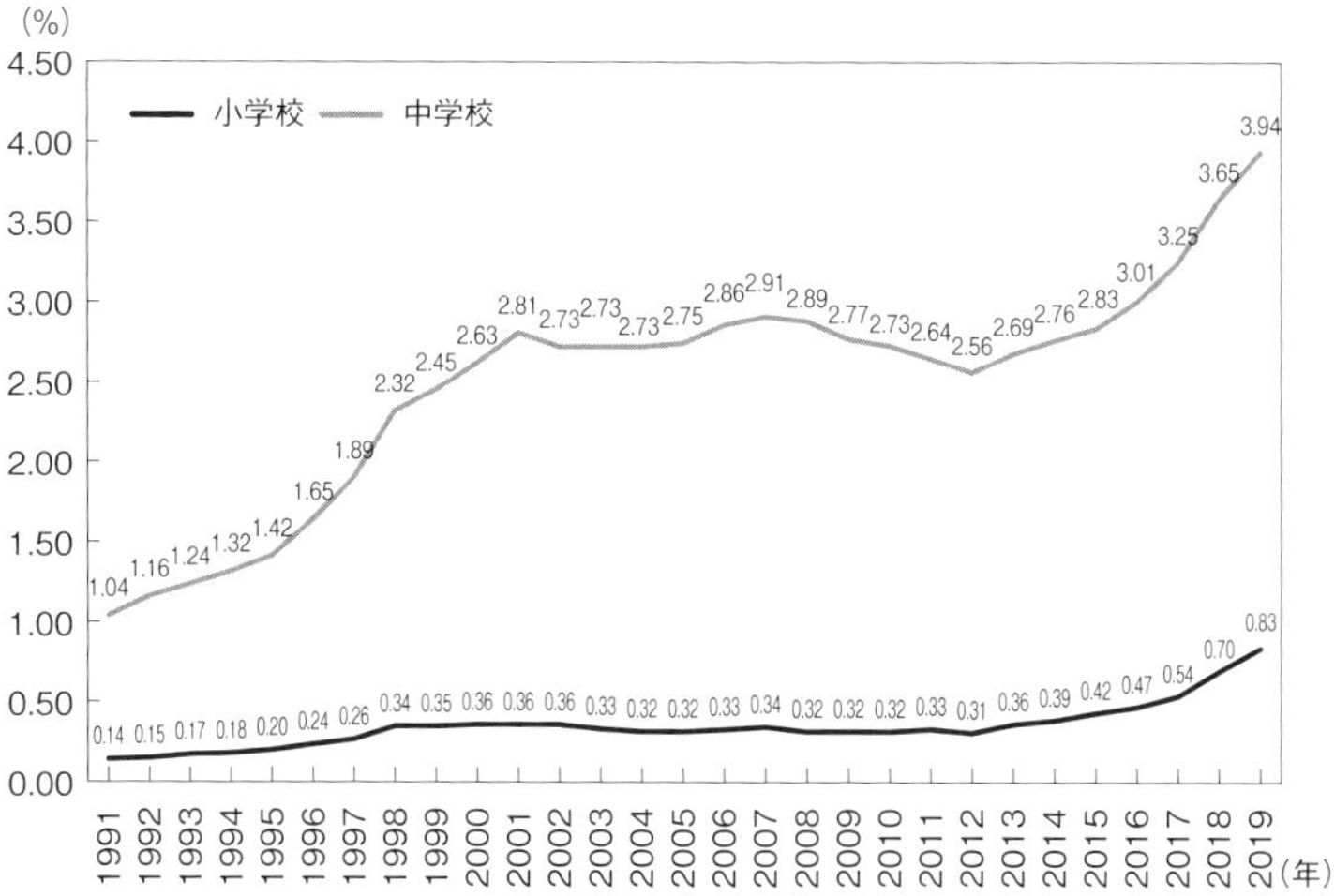

図18　不登校児童の割合の推移（1991 ～ 2019年）

出所：令和元年度 児童生徒の問題行動・不登校等生徒指導上の諸課題に関する調査（文部科学省）

２年から２０１９年まで、不登校者の割合が年々増えていったことがわかります。

なぜ病気や経済的理由以外の理由で、不登校の生徒が増えていったのか、その要因を探るのは簡単なことではありません。ただ、データを見る限り、不登校生徒の増加は紛れもない事実であり、学校教育が何らかの問題を抱えていることは間違いないでしょう。

日本の近代化を振り返ってみると、産業発展に必要な人材育成という点では、全国一律の学校教育制度の整備によって、一定の成果を収め、経済成長に一役買ったといえます。しかし、その反面、誰もが才能を見いだし、技能を磨いていくことには必ずしもなっておらず、学校についていけずに落ちこぼれてしまったり、家庭の事情やいじめによって学ぶ機会を奪われた若者も数多く生み出してきたといえるでしょう。

２０３０アジェンダは「誰一人取り残さない持続的な社会」を掲げていますが、言い換えれば、すべての人がさまざまな生き方の選択肢に恵まれ、その中から、主体的に何かにチャレンジできる社会のことです。それは、従来型の経済成長モデルの求める学校教育制度と運営の仕方のままでは実現できません。よりよい生き方を選択でき主体的に生きることができる人を育てるための教育に変えていく必要があり、どのように変えていくか知恵を絞っていかなくてはならないのです。

注

1　データは内閣府資料に基づいて作成。https://www.esri.cao.go.jp/jp/sna/data/data_list/kakuhou/files/2019/sankou/pdf/kokusaihikaku_20201224.pdf（２０２２年1月15日閲覧）

2　日本のＧＤＰを日本国内で生活する総人口で割って一人あたりＧＤＰを算出。

3　ＧＤＰデータと人口データをe-Stat（https://www.e-stat.go.jp/）より入手し、作成。

4　国民生活基礎調査の資料とデータについては、次を参照のこと。https://www.mhlw.go.jp/toukei/list/20-21.html（２０２２年1月15日閲覧）

5　中央値とは、メディアンといい、対象とする統計データの母集団の中央にくる値のこと。

6　２０１１年の東日本大震災の影響から、２０１１年の平均所得未満の家計割合は急増している。

7　貧困率の状況に関するデータは「２０１９年国民生活基礎調査の概況」を参照のこと。https://www.mhlw.go.jp/toukei/saikin/hw/k-tyosa/k-tyosa19/dl/03.pdf（２０２２年２月15日閲覧）

8　生命表については、次を参照のこと。https://www.mhlw.go.jp/toukei/saikin/hw/seimei/list54-57-02.html（２０２２年１月15日閲覧）

9　健康寿命計測は次の研究班の研究に基づいている。データ出典：厚生労働科学研究「健康寿命のページ」を参照のこと（グループ代表：藤田医科大学医学部衛生学講座教授　橋本修二）。http://toukei.umin.jp/kenkoujyumyou/（２０２２年１月15日閲覧）

10　不健康な状態とは日常生活に制約がかかる心身の状態にあること。

11　本書では、文部科学省の学校基本調査における高等学校等への進学率を用いる。

12　本書では、文部科学省の学校基本調査における大学等への進学率（当該年高等学校等卒業者のみ）を用いる。

13　学校基本調査については、次を参照のこと。https://www.mext.go.jp/b_menu/toukei/chousa01/kihon/1267995.htm（２０２２年１月15日閲覧）図15と図16のデータは、e-Statより入手。https://www.e-stat.go.jp/dbview?sid=0003147040（２０２２年１月15日閲覧）

14　すべて国民は、法律の定めるところにより、その能力に応じて、ひとしく教育を受ける権利を有する。②すべて国民は、法律の定めるところにより、その保護する子女に普通教育を受けさせる義務を負ふ。義務教育は、これを無償とする。

15　児童生徒の問題行動・不登校等生徒指導上の諸課題に関する調査については、次を参照のこと。https://www.mext.go.jp/a_menu/shotou/seitoshidou/1302902.htm（２０２２年１月15日閲覧）

3章　なぜ経済成長モデルは社会に歪みをもたらすのか

経済成長モデルによる近代化は、経済、健康、教育において一定の成果をあげたことを見てきました。その一方で、経済格差や社会分断といった歪みを社会にもたらしました。２０３０アジェンダのめざす「誰一人取り残さない持続的な社会」、つまり循環型共生社会を実現するためには、さまざまな社会の歪みをできる限り解消しなければなりません。それらをどうやって解消するかを考えるためには、〝なぜ経済成長モデルが社会に大きな歪みを生んでしまうのか〟を深掘りしておく必要があります。

経済成長モデルが引き起こす格差と分断

なぜ経済成長モデルのままでは、循環型共生社会を実現できないのでしょうか。ここから話を始めることにします。経済成長モデルは、経済成長なくしてよりよい生活を送ることはできないと考えます。なぜなら、経済成長が国民の所得を増やし、教育や医療を受けられるようになると想定しているからです。しかし、このモデルの持つ見過ごせない問題点は、必ず経済格差や社会分断を生んでしまうということです。では、どうして格差が生まれてしまうのでしょうか。

経済学者リチャード・ウィルキンソンと疫学者のケイト・ピケットは『平等社会――経済成長に代わる、次の目標』（ウィルキンソン&ピケット 2010）の中で、経済成長の長所と短所を取り上げています。

まず、経済成長率が上昇すると平均余命が長くなるかどうかを取り上げています。これから経済発展を遂げていこうとする経済開発の初期段階にある途上国の場合には、経済成長がもたらす所得向上によって、健康に欠かせない栄養摂取や医療インフラの整備が見込まれるため、健康に暮らせる人が増え、平均寿命が改善していくといいます。

これとは反対に、すでに、経済水準がある程度の水準に達している国の場合には、経済成長の伸びほどには平均寿命は伸びず、すぐに頭打ちになってしまうと指摘します。なぜかといえば、平均寿命を伸ばすためには、経済基盤を強固にするだけでは十分ではなく、身体の健康に加えて、心の健康を保てるかどうかが重要になるからだといいます[*1]。高所得の人は自前で健康維持のための食料品や医薬品を手に入れ、心身をケアするサービスを受けることができるのですが、他方、所得の低い人は、それらのサービスを手に入れることが難しいわけです。たとえ、経済成長モデルで国全体のＧＤＰが増えても、国内に経済格差をもたらすのなら、結果的に、健康を手に入れられる人と健康を害してしまう人に分かれ、健康格差を生んでしまうわけです。

さらに、ウィルキンソンとピケットは、経済格差の大きい国ほど、成人と子どもの肥満率も高くなっていること、精神疾患を患う人の割合が高くなっていること、違法ドラッグの利用者の割合も大きくなっていることを指摘します。また、経済格差が大きい国ほど、読解力や計算力が劣る子どもたちを生んだり、学校中退者が増えることも明らかにし、経済格差と教育格差が密接に関係していることも示しています。経済格差と収監者数の関係を取り上げ、経済格差が大きい国ほど収監数が増え、経済格差が犯罪増加につながっていることも鋭く指摘しています。

このように、経済成長モデルは社会のさまざまな格差を構造的に生んでしまい、健康に活き活きと暮らせる人とそうでない人へと社会が分断される可能性が極めて高いのです。

アメリカ社会に見る経済成長モデルの落とし穴

経済成長モデルのフロントランナーは間違いなくアメリカです。そのアメリカで何が起きてきたのかを見ておくことは、格差と分断を生んでしまう経済成長モデルの本質を考えるうえで大いに参考になります。

ルポライターの堤未果は、現代アメリカ社会の抱える問題点は、経済成長モデルに基づく経済システムが生む経済格差と社会分断にあるとし、3分冊（堤 2008, 2010, 2013）でそれらを読み解いています。堤は、医療保険をめぐる深刻な問題を取り上げています。アメリカでは、1960年代に、低所得者を支援するメディケイド、高齢者や障害者へのメディケアが創設されましたが、基本的に、国民の健康は自助努力で対応するという考え方が根強く、日本のような国民皆保険はありませんでした。

この状況を変えるために、民主党のクリントン大統領は医療保険制度導入を試み、黒人系初のオバマ大統領はオバマケア（医療保険制度改革法）と名づけて医療保険制度を改革しました。その内容は、広く国民が加入できる日本の保険制度にはほど遠いものがありましたが、それでも、オバマケアにより、病気やけがをした時には医療を受けられる人が増えたのです。

ところが、2016年にアメリカファーストを唱えて当選した共和党のトランプ前大統領は、オバマケアの連邦政府の財政負担増を理由にして、オバマケアの廃案を試みました。オバマケアは廃案にこそなりませんでしたが、トランプ前大統領によって、低所得者向けの公的医療保険メディケイドの加入要件が厳しくされてしまい、無保険になる人が増えてしまったといいます。２０２１年に就任した民主党のバイデン大統領は、就任後、すぐに医療保険制度の拡充に関する大統領令に署名しました。こうすることで、厳格化された加入基準の見直しを行いました。アメリカでは、民主党と共和党の間で、医療の考え方が如実に違っていることには驚かされます。

私は１９９０年代にアメリカの大学院に留学していましたが、ある経済学の講義の中で、「アメリカでは、個人の健康管理は私的財であって、国家が介入し、支援するという考えには立っていない」という話を耳にした時には、さすがにびっくり仰天しました。病気やけがにあうのは、生活する中で誰にも起きうることであって、そういうリスクにしっかりと対処できる国こそ、先進国ではないかと考えていたからです。このような状況では、アメリカで生活する人は、病気やけがをした時のために、民間の医療保険に高い保険料を納めて加入し、自己防衛せざるを得ません。しかし、生活に余裕のない人は、医療保険料を払うことができず、無保険のままで暮らすことになるのです。

アメリカ生活では、医療費の高さに本当に悩まされ、大きなストレスを感じていました。日本から来た一時的居住者に過ぎない留学生でさえ、そのように感じたわけですから、アメリカに定住している人にとって、医療保険に入れるかどうかは大げさではなく死活問題といえるでしょう。アメリカでは、就職先を見つける時には、雇用契約の中に、医療保険制度加入が盛り込まれているかどうかを仕事選びの大事な基準にするという話を聞くと、妙に納得してしまいます。

堤は、食事の面からも、アメリカの健康問題に鋭く切り込んでいます。医療保険に加入するかどうかを別にしても、低所得者にとっては、栄養バランスの取れる食料は高価なため、簡単に買うことができず、どうしても、レトルトやお菓子などの安い加工食品を食べるようになります。その結果、栄養バランスを崩した食生活によって免疫力が弱くなるなど、健康を害しやすくなります。

また、体調を崩しても、手持ちのお金が少ないため、よほど調子が悪くならなければ、医者にかかることはせず、市販薬を買って凌ごうとします。脂肪過多で高カロリーな加工食品を食べ続ければ、ますます不健康になり、医者にかかるころには、治療してもすぐに回復することができない状態になりかねないというのです。

そして、このような生活状態に置かれた人々を構造的に生み出してきたアメリカ社会の脆さを見えやすくした出来事が新型コロナ禍といっても言い過ぎではないでしょう。アメリカでは、感染リスクが高いが社会維持に不可欠な仕事（エッセンシャルワーク）、たとえば、レジ打ち、介護士、ドライバーなどに従事している人々（エッセンシャルワーカー）は、おしなべて低賃金労働者です。これらの仕事は、対面でなくてはできない仕事であって、テレワークでは代替できません。対面のため、飛沫感染リスクが高く、しかも、賃金の低い仕事なのです。

感染リスクの高い仕事を誰が引き受けているのか、あるいは、押しつけられている理由は何かを探っていくと、その根っこに見えてくるのは経済成長モデルであり、このモデルが作り出す経済のしくみの構造的問題に行きつくのです。

格差と分断を生む新自由主義経済

経済格差と社会分断が進んでしまったアメリカ社会ですが、そもそも、なぜそうなってしまったのでしょうか。きっかけは、1980年代レーガン大統領による新自由主義経済政策への転換でした。新自由主義経済は、一言でいえば、企業の活力強化と小さな政府によって物質的に豊かな社会を維持しようとする政策形成の考え方です。

ここで、新自由主義について説明しておきましょう。新自由主義には「自由」という言葉が使われていますが、その意味は独特のものです。それは、経済活動を行う主体者である企業への法的規制や課税を少なくすることによって、企業がより自由に経済活動を行っていくことができるような経済環境にしていくことを意味しています。

そのために、政府は民間企業の経済活動への介入を極力しないことに重きを置きます。なぜなら、そのような介入は、企業の経済活動にとっては重荷となりかねず、利潤低下や雇用減少という形で社会に悪影響を及ぼすと考えるからです。

この新自由主義の考え方を強力に展開したのはシカゴ大学の経済学者ミルトン・フリードマンです。フリードマンは、民間企業による自由な競争を活発にして資本主義の力を最大限活用していくことで、より豊かな生活を送るために有用なしくみであるといいます（フリードマン 1962）。

フリードマンは、新自由主義下の経済競争の結果として起きる所得の不平等について、次のようにいいます。「生まれつき持っている才能の不平等と、生まれつき持っている財産の不平等は違う。自分で稼いだ財産に起因する不平等と、相続した財産に起因する不平等も違う──これが世間の一般的認識であるらしい。相続財産に起因する不平等はじつにもって腹立たしい。それに比べれば才能の不平等は致し方ないし、本人の稼ぎが原因で不平等になるのもよしとしよう、と考えられている。しかしこんなふうに区別するのはおかしい（フリードマン 1962, pp. 297-298）」どの家庭に生まれたのか、どのような才能を持ち合わせたのかというような運によって生じた不平等には、人は寛容であって、そのような不平等の格差を政府が累進税のようなしくみで調整しようとすることは問題だというわけです。

つまり、新自由主義経済では、市場の機能にすべてを委ねて、自由な経済取引が展開しさえすれば、民間の活力が増し、技術開発とモノやサービスの生産も拡大、その結果、国や社会も持続的に繁栄していくと考えているのです。

経済活動が発展し、経済成長することは社会益であり、たとえ、それが、国内に所得の不平等を生み、拡大したとしても、政府が格差を問題視し、その格差を是正する必要はないというわけです。これは、誰一人取り残さない社会の実現とは180度対極にある考え方といってもよいでしょう。

「不平等」を富める側から見るのと、貧しい側から見るのとでは、その意味や重みが大きく違うはずです。しかし、フリードマンは、政府の介入による不平等の調整は必要ないという考えに加えて、「不平等を異なる立場から見ていくこと」の必要性には一切目を向けていません。新自由主義は、富を蓄積する側、つまり、経済成長を牽引していく資本家や企業を重視する考え方であり、低所得に苦しむ人々については多くを語りません。なぜなら、新自由主義の下、経済成長を達成すれば、企業の業績が上がり、それが多くの雇用を生み、雇用者の生活改善につながると想定しているからです。企業から労働者へと儲けのしずくが上から下へと染みわたっていくことをトリクルダウン効果といいますが、新自由主義経済はトリクルダウン効果を固く信じて疑わないのです。

しかし、低所得になる理由を突き詰めていくと、新自由主義経済に依拠した資本主義システムに大きな問題があることがはっきりします。新自由主義経済の立場からすれば、親が背負った借金を背負わされ、生まれながらにして貧しい生活を余儀なくされる人には、そのような不平等を持って生まれたのは不運なことであって、これは、致し方なく、あきらめるしかない、という話になります。その人が、まだ表に出ていない類い稀な才能を持っていたとしても、残念ながら、運がなかったよね、ということで片付けられてしまいかねないのです。

企業利益重視の新自由主義経済政策

新自由主義経済が重視するのは、企業利益の最大化と資本家への利益の還元です。したがって、企業は激しい企業間競争を勝ち抜かなくてはならず、生き残りをかけて、より付加価値の高いものをできるだけ安く提供することに拍車がかかります。そのため、製品生産コスト削減のために、人件費の安い国へと生産拠点を移動させることもあります。また、工場周辺地域の公害問題や労働者の長時間労働、非正規雇用の増加にもつながります。企業が闇雲に利潤を追求することは、労働者や地域住民の生活不安をもたらしかねないといってもよいでしょう。

ここで、再び、アメリカの話に戻りましょう。第二次世界大戦後、アメリカは、三大自動車メーカーを生み、世界経済の中心に君臨しました。しかし、1960年代以降、ドイツや日本の自動車産業が成長したことで、アメリカの自動車産業は苦境に立たされました。自動車産業の問題は、日米の重要な外交問題になり、1980年代になると、日米政府間で、日本の自動車輸出を抑えるための協議が行われるようになりました。たとえば、アメリカの自動車の日本への輸出台数の拡大や日本自動車企業の自動車生産をアメリカ国内で行い、アメリカ人雇用につなげることなどが国家間貿易交渉のテーブルの上に載せられたのです。

このように、新自由主義経済の下では、経済が成長する局面では、資本家、経営者、労働者も恩恵を受けられるのですが、反対に、衰退する局面になると、企業同士の競争に勝ち抜かなくてはならず、企業存続のために労働者の賃金カットやリストラが始まるのです。

労働者の側に立てば、まったくもって納得できるものではないでしょう。少なくとも、従業員として、企業の発展と存続に貢献してきたわけで、その貢献を評価されないばかりか、いとも簡単に賃金削減やクビにされてしまうというのでは、安心して生活することはできなくなります。そのしわ寄せは、労働者の中でも、よりコストカットしやすい低賃金の非正規雇用へとその矛先が向かっていくのです。

つまり、新自由主義経済政策は、持てる者を富ませ、持たざる者を貧しくさせ、失業などへの生活不安を抱える人を増やし、地域経済の停滞をもたらし、社会そのものを不安定にさせていくリスクが大きいのです。

これまで、先進諸国は、経済成長を最優先し、格差や分断への対応策として、税の軽減制度、生活保護や失業保険などを打ち出してきました。しかし、これらの対策は、短期的な対処療法に過ぎず、中長期的に「誰一人取り残さない持続的な社会」を実現していくことにはなりません。**格差や分断の根っこにあるシステムの問題、つまり、経済や社会そのものの抱える構造的問題を生んできた経済成長モデルと新自由主義経済政策そのものにメスを入れ、モデルとシステムの変革に取り組まない限り解決できない根の深い問題**なのです。

持続困難な経済成長モデル

すでに見てきたように、経済成長モデルのもとでは、企業の利潤追求と労働者の生活改善を常に両立させることは相当難しくなります。なぜなら、激しい経済競争の中で、企業は生き残りをかけて徹底したコスト削減や安売りをも辞さない販売促進に力を入れ続けなくてはならないからです。

ドライな言い方になりますが、労働者の生活を左右する給料水準は、企業が利潤をたたき出せるかどうかを決めるためのものです。「労働者の生活第一だから、企業が赤字になっても給料を上げる」という理屈にはなりません。労働者の給料が上がる時は、企業が利益を出していることが前提であり、それも、資本家への利益を分配してからの話なのです。言い換えれば、経済成長モデルにおいては、労働者は企業の経営状態に依存している1つの経済生産の要素に過ぎないのです。

企業は存続する限り、利潤追求のために、生産活動を拡大しようとします。グローバルスケールでの経済競争が続けば、それが際限のない資源収奪と環境悪化を引き起こすことにもつながり、地球環境に大きなマイナスの影響を与えるのです。

一言でいえば、経済成長モデルは持続不可能な社会システムを作ってしまうモデルなのです。そこで、持続不可能な社会の抱える問題点について、経済システムと社会システムの両面から整理してみます。

図19は、経済成長モデル（40ページの図5参照）によって、日本社会にどのような問題が引き起こされたのかを書き込んでみたものです。2章で見たように、経済成長モデルによって、経済基盤の拡充、学校教育や基礎医療の整備は確かに進みました。しかし、このモデルは、決して、万能ではありません。モデルが生んだ課題も数多くあり、近年、それらの問題が深刻にな

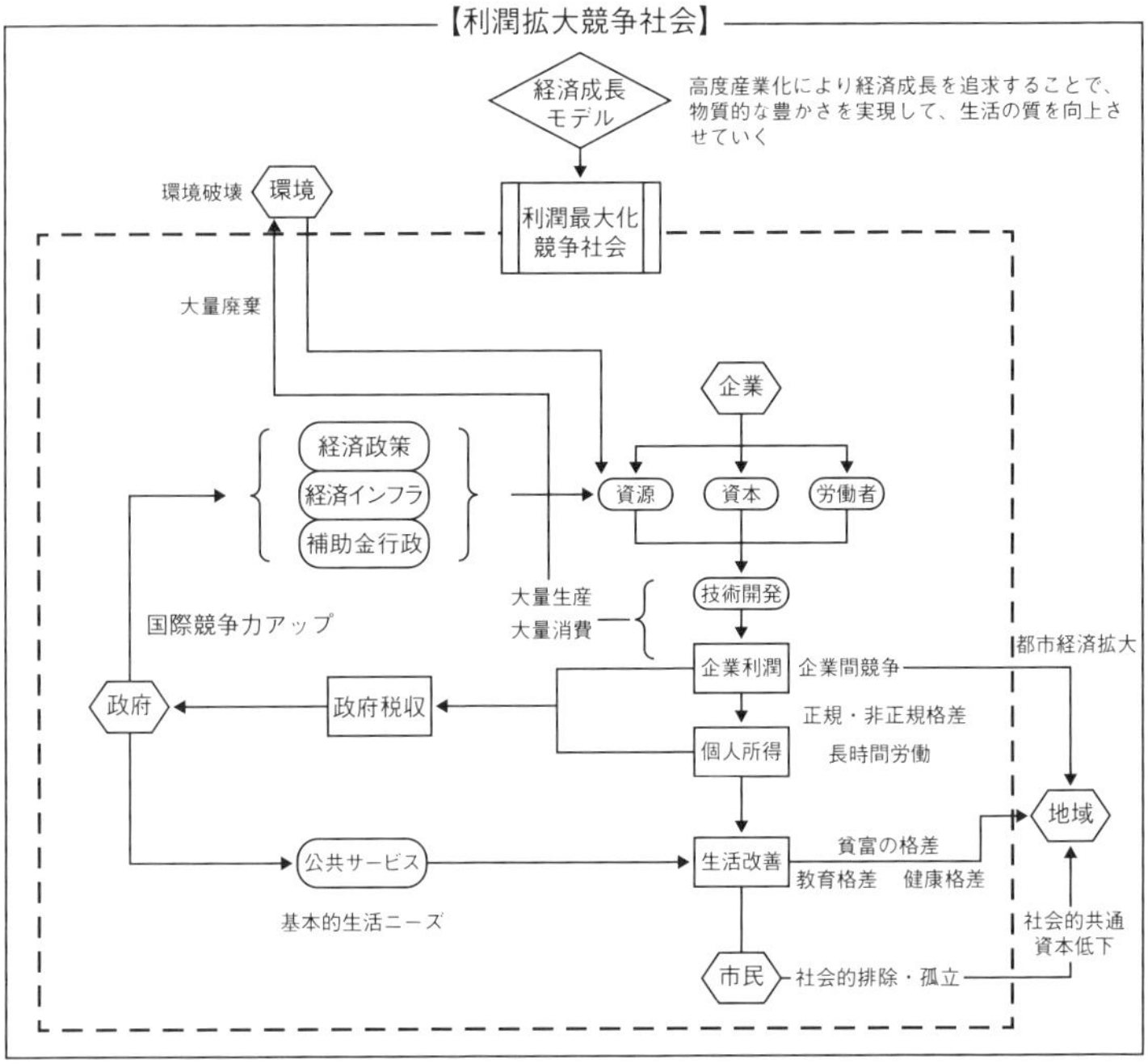

図19　経済成長モデルの課題

り、今では、私たちの生活や生存そのものを脅かすようになってしまったのです。

　まず、経済成長モデルが成功すればするほど、利潤を最大化するために大量生産が拡張され、資源の際限のない収奪を引き起こします。また、大量生産を継続するためには、大量消費が必要になります。企業は、製品を買ってもらうために、広告を出したり、景品をつけたりと、あの手この手を使って、消費を喚起しようとするわけです。消費者は、暮らしや生き方をよくするかどうかもわからないけれども、モノを買うことがあたかも生活がよくなっていると感じられるような一種の消費幻想に浸れるわけです。

その結果はどうなったかといえば、知らず知らずのうちに、靴箱に入り切らないたくさんの靴を買っていたり、タンスいっぱいの服、冷蔵庫にあふれんばかりの食品になったりするわけです。消費者が、製品を賢く選んで買い、無駄にせずに使い切るのであればまだ救われるかもしれないのですが、実際にはそうではなく、次々と店に並ぶ新しい製品を買い、使える物であっても、いとも簡単に捨てられていくのです。

まさに、この廃棄行動こそが経済成長モデルに活力を与えていくのです。極論かもしれませんが、これまでの経済成長モデルは、大量生産から大量消費、大量廃棄によって維持されてきた経済システム[*2]なのであり、労働者や環境を踏み台にして繁栄してきたといってもよいのです。

経済成長モデルは、経済的に潤うことで、社会も繁栄していくと考えました。自分（利己）益の拡大が社会を繁栄させるという考え方です。しかし、この考え方が、私たち人間が何世紀にもわたって築いてきた人と人のつながりや社会的関係資本を弱くしてきたことには気づいていませんでした。徐々に、殺伐とした生き残りをかけた経済競争の中で、社会的孤立やひきこもりが増えてしまい、また地域コミュニティの持つ人々の絆を弱めてしまったのです。

言い方を変えれば、経済成長モデルは、ごみを増やして繁栄する経済のしくみであり、人と人の絆を弱くする社会のしくみであるといってよいでしょう。次に、このことについてもう少し詳しく見ておくことにします。

ごみや公害を引き起こす経済のしくみ

1つ目は、経済成長モデルによって拡大する生産活動が生み出す大量のごみと廃棄物の問題を取り上げます。経済成長は、国民一人あたりの所得を増やそうとします。しかし、この経済システムは、〝諸刃の剣〟なのです。さまざまな製品を生産するために使われる原材料のうち、製品に使われない部分が必ずあります。製品も、売れ残れば、すべて廃棄物になりかねません。生産過程での廃棄物処理は製造者の責任です。本来なら、製造者は、生産計画の段階で、生産過程で出る廃棄物をリデュース（削減）する方法や製品をリユース（再利用）あるいはリサイクル（再生利用）する方法について、あらかじめ考えておくべきですが、残念ながら、製造者間で対応にバラツキがあり、うまくいっていません。

日本は、高度経済成長期において、めざましい経済成長を遂げました。しかし、同時に、大気汚染、水質汚染、土壌汚染、騒音問題などのさまざまな種類の公害問題が起き、社会に大きなダメージを与えました。中でも、水俣病をはじめとする4大公害病は社会を揺るがす問題となりました。これらの公害を引き起こした理由は、産業廃棄物や家庭からのごみの処理を経済活動が必然的に生み出す費用として正しく認識せず、国際的な経済競争に勝ち続けるために、企業利潤第一の経済成長を最優先し続けたことにあったのです。

残念ながら、公害が発生した地域の住民は、健康被害や環境汚染という痛手を被りました。政府も、環境庁（後の環境省）を設置したり、公害防止法を導入しましたが、痛い経験をしてからの後手の対応でした。もっと早く、生産過程において廃棄物をなくす工夫に取り組んだり、環境保全対策を講じていれば、被害を小さくすることができたはずです。

経済的豊かさのために、GDP成長率や一人あたりGDPの伸びを重視してきたのですが、その陰で、人々の健康や幸せな日々の暮らしが脅かされ、ないがしろにされてきたという問題を直視してこなかったのです。

人と人を孤立させる勝者選別の社会

2つ目は、経済成長モデルは、人々の幸福度に大きな影響を与える「人と人との関係性」を希薄にするという問題です。

経済を人々の幸福との関係から研究するイタリア人経済学者ステファァーノ・バルトリーニは

『幸せのマニフェスト』（バルトリーニ 2018）を著し、その中で、物質的な豊かさを求める経済システムでは、人と人との間の関係性が失われやすく、幸福感が損なわれていくことを紐解いています。

バルトリーニによれば、市場における交換は、モノやサービスを取引でき、お互いの面識がなくとも、つまり、しがらみによって左右されない自由で公正な取引ができるという利点があるといいます。しかし、この取引が行き過ぎてしまうと、市場で取引しなくても済むようなものでさえ、市場で貨幣を介して交換するようになります。

たとえば、あるまちの町内会の清掃活動のことを考えてみましょう。長年、町内の住民が当たり前のこととして活動に参加し、協力していました。しかし、年々、自主的に地域清掃に参加する人数が減ってきたので、町内会が町内会費で清掃をサービス会社委託に切り替える場合です。こうすることは、一見すると合理的に見えるのですが、委託サービスに切り替えると、それまでの清掃活動のように住民同士が顔をつきあわせて交友を深める機会が失われてしまいます。そのような機会は別になくてもかまわないと考える人もいるかもしれませんが、雑談を通して、まちのことを考えたり、お互いの暮らしを気遣ったり、共通の趣味を持つ人を見つけることにもなります。それこそが、実は、私たちの幸せを左右する要素の1つ、人と人との関係性を構築することの意味なのです。

経済的に合理的な判断であっても、それは、社会的には非合理といえることもあるわけです。何もかも、市場取引に委ねることが社会をよくするわけではなく、経済成長モデルの行き過ぎは、ミヒャエル・エンデの『モモ』（2005）に出てくる時間泥棒のように、人間の幸せにとって欠かせない大切なものを奪っていきかねない社会をつくってしまう危険性があるのです。

日本が近代化をめざした明治時代は、国そのものが経済的に貧しく、何とかして、多くの国民の生活を改善していくことこそが至上命題でした。絶対的な生活水準を上げていくために経済成長モデルを採用したことは、貧困や飢餓を克服し、生活改善を実現するために必要な選択だったのかもしれません。

しかし、現代社会は、こころの豊かさを重視したい人が多数を占める時代[*3]であり、物質的な豊かさと健康で幸せに生きることの両立が求められています。より多くの人が豊かな生き方とは何かを考えることができ、それを追求し、実現できる社会を模索し、そのために、社会のあるべき方向性と社会発展モデルを大きく変えていく時期にきているといえます。

経済成長モデルと幸福のパラドクス

みなさんは、自分の生活がうまくいっているかどうかをどのように確かめますか。ある人は、

〝日々の生活が過不足なく営めること〟を良しとするかもしれません。また、ある人は〝自分のやりたいことに熱中できる、そんな生活ができること〟と考えるかもしれません。あるいは、〝仲の良い友達やいたわりあえる家族を持つことこそ、かけがえのないこと〟という人もいるでしょう。このように、生活の評価基準は、人によってかなり違い、個人差もあるはずです。それだけに、人の生活状態のよしあしを評価するのは難しいとされてきました。

確かに、完全な生活評価のモノサシはできていませんが、おおよその生活状態を評価するためには、「主観的幸福感」という評価指標がよく活用されています。主観的幸福感の指標に含まれるのは「幸福度」「生活への満足度」「生活の質」などです。そこで、これらの指標を使って、経済成長モデルと日本人の幸福感の関係について考えてみることにします。

日本人の幸福感の変化

日本政府は1978年から2008年まで、国民生活選好度調査[*4]を行い、3年に一度、同じ質問項目による国民の主観的幸福感に関する調査を行っていました。この調査の中に「生活への満足度」の質問があります。このデータから、30年間にわたる国民による生活状態の評価の推移を見てみます。

そもそも、データを収集していた1978年から2008年までの間はどのような時代だったのでしょうか。そこで、この時代の日本経済の動向について簡単に振り返ってみます。

まず、1979年には第二次石油ショックが起きました。経済成長を維持するためには、成長産業を支えるエネルギーとして石油の確保が絶対でしたが、それが難しくなった年です。石油の値段は高騰し、企業は生産費増を余儀なくされ、日本経済は大打撃を被りました。これを契機に、日本企業は省エネ対策に力を入れ、何とか石油ショックを乗り切りました。

その後、1985年になると、海外輸出によって経済大国となった日本と自国産業の国益を守りたいアメリカとの間でプラザ合意が結ばれました。この合意によって、日本円は対ドルの通貨価値が急上昇、一気に円高へと局面が切り替わったのです。円高になったことで、それまで好調に輸出を伸ばし、外貨を稼いできた自動車業界や家電業界の先行きに水を差すことになりました。しかし、日銀の超低金利政策によって、日本企業はこの円高不況を乗り切り、その後、日本経済はバブル経済へと突き進んでいったわけです。

そして、多くの日本企業は、コストを抑えるために生産拠点を海外に移すようになりました。また、ふくれ上がる外貨と低金利資金を元手にして、財テクを行ったり、国内外でリゾート開発に力を入れ、ハワイやニューヨークの海外不動産を派手に購入しました。まさに、この頃は経済成長モデルによる景気のピークといったところで、日本は、モノの豊かさを最大限に享受したバブルの時代でした。

ところが、1990年代に入ると、日本経済は一転して不調に陥ります。1980年代に手に入れた不動産の多くが不良債権化し、資金を貸し付けていた金融業界に激震が走りました。少しでも債権の焦げ付きを回避するため、新たな投資よりも貸付金の資金回収を優先するようになりました。その結果、経済の生産性を高めて、競争力のある製品を作り、利益を上げるよりも、経済的損失をいかにして抑えるかが最優先事項になったのです。

1998年になると、バブル崩壊の象徴ともいえる経済事件が起きました。きっかけは、韓国、タイ、インドネシアから始まったアジア金融危機ですが、バブル崩壊によって体力を弱めていた銀行や証券会社が相次いで破綻、日本経済は一気に活力を失くしてしまいました。長い不良債権回収期の後、2008年にリーマンショックが発生、日本の金融機関は再び大きな痛手を受け、企業も、中国経済の台頭もあり、欧米への製品輸出が減少、収益が悪化し、雇用にも大きな影響を与えるようになっていきました。

このように1978年から2008年の30年間は、日本経済の大変動期でした。その間、政府は、GDPを追求する経済成長モデルを継続し、より一層企業活力重視の新自由主義経済政策を推し進めていったのです。

ここで、生活評価データの話を始めましょう。図20は、2008（平成20）年度国民生活白

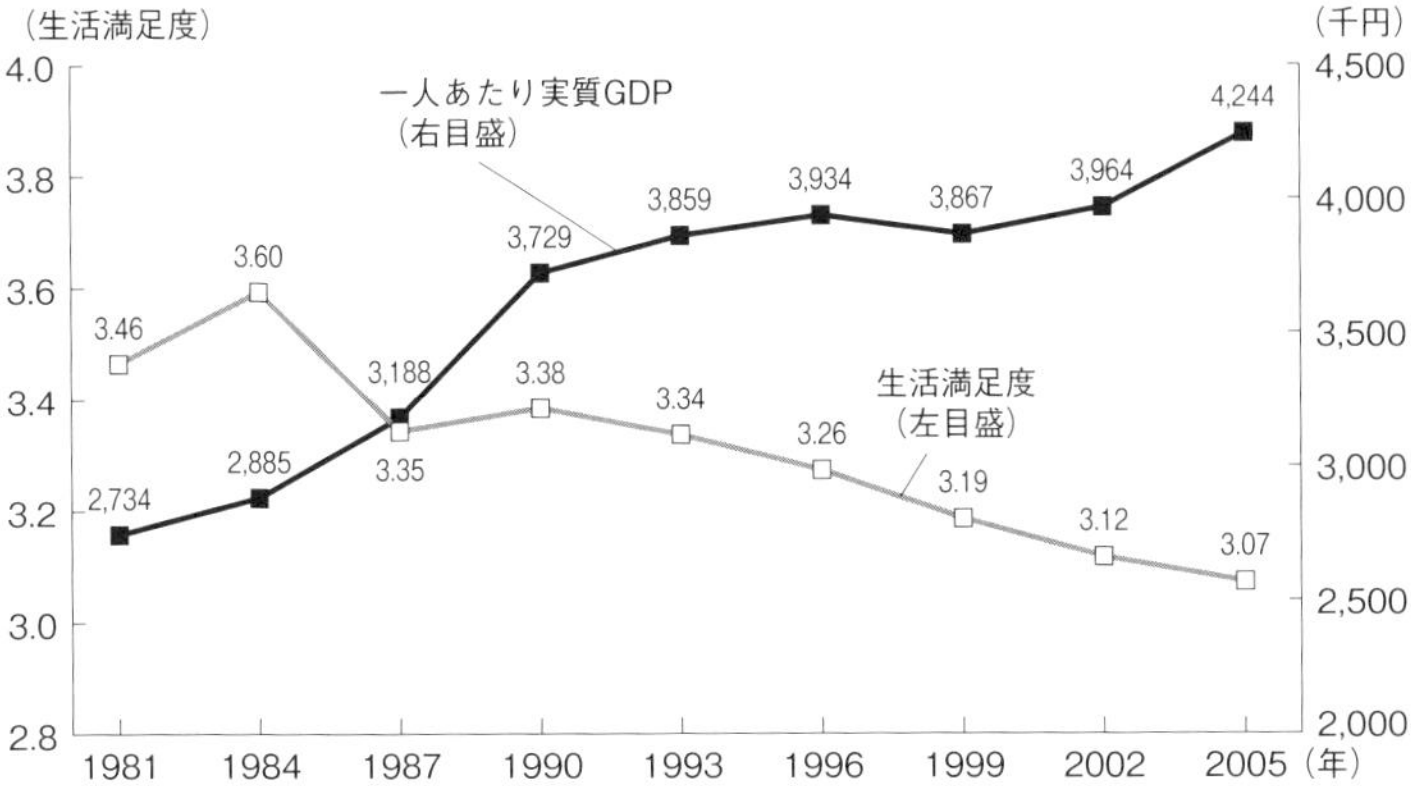

（備考）1. 内閣府「国民生活選好度調査」、「国民経済計算確報」（1993年以前は平成14年確報、1996年以後は平成18年確報）、総務省「人口推計」により作成。
2. 「生活満足度」は「あなたは生活全般に満足していますか。それとも不満ですか。（○は一つ）」と尋ね、「満足している」から「不満である」までの5段階の回答に、「満足している」＝5から「不満である」＝1までの得点を与え、各項目ごとに回答者数で加重した平均得点を求め、満足度を指標化したもの。
3. 回答者は、全国の15歳以上75歳未満の男女（「わからない」、「無回答」を除く）。

図20　生活満足度及び一人あたり実質GDPの推移

出所：平成20年度 国民生活白書（内閣府）、図1-3-1（57ページ）

書に掲載されたもので、国民生活選好度調査の1981年から2005年までのデータを用いて作られています。この図から、経済基盤を示す一人あたりの実質GDPの推移と、人々の生活全般への満足度に対する回答（平均値）の推移を同時に見ることができます。

黒の線は一人あたりの実質GDPの推移を、グレーの線は生活満足度の推移を示しています。黒の線を見ると、一人あたり実質GDPは1981年から2005年まで、一貫して増加したことがわかります。このことから、経済成長モデルは一定の成果をあげていたといってよいでしょう。

では、生活満足度はどうだったのでしょうか。グレーの線を見ると、1981年から84年にかけて上昇しましたが、それ以降は、一貫して低下し続けていたことがわかります。ここからいえるのは、経済成長はしたものの、その間、人々の生活評価は低下していたということです。

つまり、経済成長モデルが当然視していた〝所得が増加すれば必然的に生活満足度は上がる〟わけではありませんでした。この事実は、経済成長モデルを推進してきた政府にとって、ショッキングなものだったと思います。なぜなら、人々の生活を改善するために長年にわたって経済成長を追求してきたにもかかわらず、肝心の国民自身の生活評価の上昇に結びついていなかったというわけですから。

経済成長モデル、つまり、経済成長を信奉する立場からすれば、この矛盾を理解することは容易なことではないでしょう。先に書いたように、生活への満足度の評価は、個人差が大きいのだから、それをGDPと重ね合わせて論じるのはおかしいと反論するかもしれません。正直、その理由が理解できないというところではないでしょうか。

固定化する幸福のパラドクス

しかし、このＧＤＰと生活満足度の乖離は、日本だけで起きた特殊事情ではありませんでした。アメリカの経済学者リチャード・イースタリンが、所得と幸福度の関係性について研究（Easterlin 1974）し、相矛盾する同じような関係を確認していたのです。イースタリンは、アメリカの一人あたりＧＤＰとアメリカ人の生活への満足度のデータの推移に着目し、その相関関係の有無を検証しました。その結果、ＧＤＰと満足度の間に、経済成長モデルが前提としていた「正の相関」が必ずしもあるわけではないことを見いだしたのです。これをイースタリン・パラドクスといいます。

イースタリンは〝なぜＧＤＰと生活満足度が乖離したのか〟について次のような考察を加えています。国民一人あたりの平均所得が低い時に、収入が増えると、増えた分を日々の生活改善に直結する製品やサービスの購入に使い、その結果、生活満足度が高くなっていく。しかし、一人あたりの平均所得が高くなり、生活の基盤が整うようになると、所得が増えたとしても、生活満足度にさほど影響を与えなくなるというわけです。

国民の所得水準が上がっていくことによって、人々の生活満足度の評価基準が、「人として暮らすために欠かせない生活水準を満たすかどうか」という絶対的基準から、「他人の生活と比べてどういう状態か」を評価する相対的基準に変わっていくのです。

確かに、国民の所得水準が低く、生活するために必要な物資が社会の隅々にまで行きわたっていない段階では、絶対的な生活状態の改善の度合いが生活満足度評価のよりどころとなるでしょう。しかし、国民の所得の向上とともに、生活に欠かせないモノが手に入るような段階になり、日常の生活基盤が整うようになれば、自分の生活状態を他人のそれと比べるようになっていくというのは的を得ていると思います。

たとえば、生活が苦しいと感じている人の場合、所得が増えれば、冷蔵庫、テレビや車などの耐久消費財を買うことができ、それらを手に入れることで生活改善を実感するでしょう。したがって、収入の増加が生活への満足度の上昇につながります。

ところが、これらの生活改善に直結するモノをすべて手に入れてしまえば、所得が増えたとしても、生活状態を自分のそれまでの暮らしと比べるよりも、自分の周りにいる人の暮らしを気にし始めます。そして、自分が社会のどこに位置するのかという相対的評価に関心が移るというわけです。

たとえば、隣近所の人と比べて、どちらが立派な家で暮らしているのだろうか、乗っている車はどちらが高級なのか、職場でも、同期入社との昇進時期はどちらが早いのかというように。自分の生活状態の評価が社会の中の自分の生活状況の序列になっていくといってもよいでしょう。

イースタリン・パラドクスからわかるのは、所得の増加が生活改善の実感につながるのは、所得が日常生活をしっかりと改善していく場合にのみ有効という点です。経済成長モデルによって所得レベルが上昇し続けたとしても、それだけで、人々の幸福度や生活満足度を高めていくことは難しいわけです。

では、経済と社会を発展させながら、同時に、人々の生活状態を改善していくことはできないのでしょうか。このために、本書は、ウェルビーイングの高い循環型共生社会への変革を提唱します。そこで、次に、循環型共生社会について話を進めることにします。

注

1 ２０２０年に出版された『格差は心を壊す』（ウィルキンソン&ピケット 2020）の中で、格差問題の生み出す悪影響について、人間の心の視点から論じており、格差問題の重要性が論じられている。

2 見田（1996）は、限界のない生産と消費によって繁栄を維持しようとする経済システムが現代の消費化社会をつくり出し、生態系の破壊を引き起こしてきたことを指摘している。

3 内閣府の国民生活に関する世論調査（令和元年度）によれば、「物質的にある程度豊かになったので、これからは心の豊かさやゆとりのある生活をすることに重きをおきたい」と答えた者の割合が62・０%、「まだまだ物質的な面で生活を豊かにすることに重きをおきたい」と答えた者の割合が29・６%となっている。https://survey.gov-online.go.jp/r01/r01-life/2-2.html（２０２２年1月15日閲覧）

4 国民生活選好度調査の資料とデータについては、次を参照のこと。https://warp.da.ndl.go.jp/info:ndljp/pid/10361265/www5.cao.go.jp/seikatsu/senkoudo/senkoudo.html（２０２２年1月15日閲覧）

4章　循環型共生社会の構想

２０３０アジェンダは誰一人取り残さない持続的な社会をめざしていますが、これまでのように、物質的な豊かさを追求する経済成長モデルのままでは実現できません。持続的な社会とは、経済の持続的成長、環境の持続的保全、そして社会の持続的発展がバランスよく保たれている社会のことです。言い換えれば、環境を大切にする循環する経済、誰もが人間らしく生活でき、多様性と人権を認め合う思いやりのある社会であり、本書は、それを「循環型共生社会」と考えます。そこで、まず、なぜ循環型共生社会に変えていくべきと考えるのかに触れ、それから、循環型共生社会の特徴を説明します。

なぜ循環型共生社会に変革すべきなのか

第二次世界大戦後、日本社会のあり方について活発に意見が交わされた時期が何度かありました。全国規模で公害が深刻であった時代、オイルショックに揺れた時代、バブル崩壊で低経済成長に切り替わった時代、リーマンショックと国際的金融危機の時代、東日本大震災と福島原発事故の時代、そして、現在のコロナ禍です。

その中の1つを取り上げます。２００８年秋にアメリカでリーマンショックが発生し、欧米諸国の金融機関が痛手を被り、先進諸国で連鎖的に倒産が起き、大量の失業者が出てしまいました。この危機を契機として、従来の経済成長モデルを見直し、脱成長（ラトゥース 2010, 2013）や定常社会への転換（広井 2001, 2011）が注目を集め、研究者による議論が活発化しました。

実は、この国内の動きよりも前に、ＯＥＣＤの統計局によって国際プロジェクト[*1]が開始され、経済成長に代わる社会進歩を測る指標の必要性の検討が進められていました。また、当時のフランスのサルコジ大統領の呼びかけで世界的に著名な科学者をメンバーとする経済パフォーマンスと社会進歩に関する委員会（Commission on the Measurement of Economic Performance and Social Progress）が立ち上がり、これからの社会のあり方に関する提案を報告書（スティグリッツ・フィトゥシ・セン 2012）の形にまとめました。そこに書かれていたのは、経済成長一辺倒ではなく、環境の持続性と人々の幸福を重視する社会をめざすべきという内容でした。そして、社会進歩を把握するためには、これまで重用してきた経済や社会に関する客観的指標だけではなく、人が自分自身の生活をどう評価するのかという主観的な評価指標を積極的に活用していくべきことも提案されていました。

この動きは、当時の日本政府に大きな影響を与えました。2010年から2013年までの4年間でしたが、内閣府が有識者による「幸福度に関する研究会」[*2]を立ち上げ、〝幸福度とは何か、幸福度に影響を与える要素は何か〟を真剣に検討し、「幸福度に関する研究会報告―幸福度指標試案―」をとりまとめたのです。

このことからわかるのは、政府は経済成長モデルのままではダメだという認識を持ち始めていたこと、具体的に何をすべきかの検討に着手しようとしていたことです。モノに困らない生活が私たちの生き方を豊かにするわけではなく、逆に、〝人々が求める豊かな生き方とは何か、その生き方を妨げているものがあるのか、あるとすればそれは何かに目を向けるべき〟という考えに変わりつつあったといってよいと思います。

しかし、この政府の方針は、アベノミクス政策の登場とともに経済成長モデルによる経済成長路線によって後戻りしてしまいました。企業が元気になれば、労働者にも必ず恩恵があるとするトリクルダウンを信じているのかもしれませんが、その後、10年近く続いた安倍政権と菅政権の下で、2章で見たように、貧困率も悪化、OECD諸国の中でも、深刻な格差社会になってしまいました。もしも、経済成長のトリクルダウン効果が有効であったなら、そのような結果にはなっていなかったのかもしれませんが。

真に豊かな生き方のできる持続的社会を実現するために、現在の経済・社会システムを根本から変革していかなくてはならない時に来ているのは間違いないでしょう。岸田内閣は「新しい資本主義」を掲げて、社会経済システムの修正を試みているようです。これは、見方を変えると、政府が新自由主義経済政策の修正の必要性を強く感じており、そうしなければ、山積する経済と社会の問題解決は難しいと考え、危機感を持っていることの現れともいえるのではないでしょうか。本書は、循環型共生社会こそ、その処方箋になると考えます。

分かち合いの循環型共生社会

経済成長モデルによって、やみくもに経済的利益を追求していくと、その先に、経済格差や産業公害などの問題が引き起こされる危険性があることを見てきました。これとは違い、循環型共生社会では、経済、環境、社会のすべての面においてメリットのあるウェルビーイングな社会をめざします。

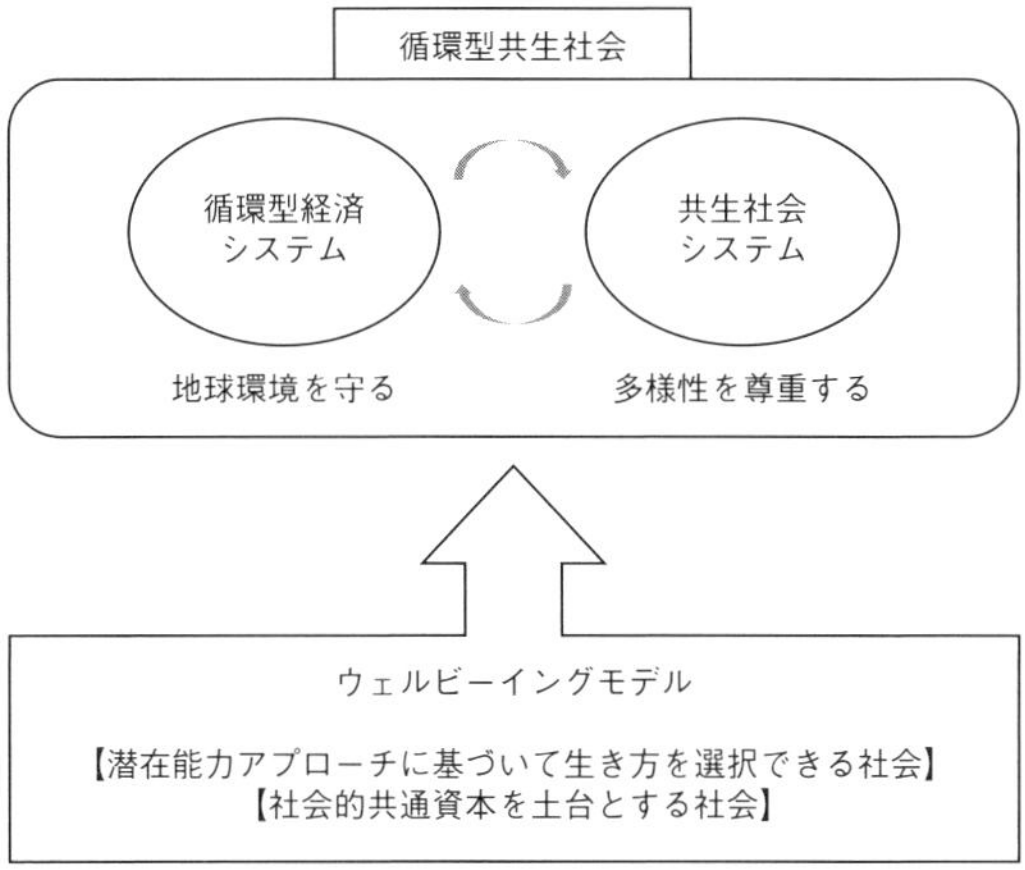

図21　循環型共生社会の構想

循環型共生社会は、人々のウェルビーイングを大切にし、そのために、経済、環境、社会をどう変えていくかを徹底的に考え抜き、実践していく社会です。そして、循環型共生社会は、循環型経済システムと共生社会システムを両輪とします。環境と調和する循環型経済システムは、経済と環境の両立をめざします。また、共生社会システムは、すべての人に基本的な生活と人権の保障（憲法25条の生存権）[*3]をめざします。

このような循環型共生社会を実現するには、経済成長モデルに代わる別の社会発展モデルが必要であり、本書は「ウェルビーイングモデル」への転換を提唱します。ウェルビーイングとウェルビーイングモデルの中身については、5章で説明しますが、その前に、ここで、循環型共生社会の構想について、図21を使って説明します。循環型共生社会は、経済システムと社会システムを切り離して考えることはできません。なぜなら、それは、経済システムと社会システムが密接に相互に作用しながら、経済と社会、経済と環境、社会と環境の間の持続性を実現していく社会だからです。

循環型共生社会が大切にすること

循環型共生社会は経済基盤、環境保全、共生社会を同時に実現しようとする野心的な構想です。これは、２０３０アジェンダで国際合意した3つの世界像に合致するものです。この構想を絵に描いた餅に終わらせないためには、従来のさまざまな政策を変えていく必要があるのですが、この点については6章で触れることにします。その前に、ここで、循環型共生社会の特徴について見ていくことにします。

循環型共生社会を実現するために、ウェルビーイングモデルへの転換が必要と書きました。ウェルビーイングモデルの基盤には、潜在能力アプローチの考え方があります。潜在能力アプローチについては、5章でもっと詳しく説明しますが、それは、経済成長モデルの根底にある功利主義的アプローチと資源に基づくアプローチへのアンチテーゼといえるものです。したがって、潜在能力アプローチの特徴がわかれば、循環型共生社会のそれも見えてきます。

潜在能力アプローチの提唱者のひとりであるマーサ・ヌスバウムは、潜在能力アプローチが何を重視するかについて具体的に描写しています。ヌスバウムは、現代社会の抱える問題点を洗い出し、一人ひとりの生きる権利を保障し、潜在的能力を発揮できる社会を検討、めざすべき社会の特徴を「人間の中心的な機能的ケイパビリティリスト」にまとめました。なぜヌスバウムはこのリストを作成したのでしょうか。それは、潜在能力アプローチを絵空事に終わらせることなく、着実に社会変革につなげようという考えを持っていたからだと思います。ヌスバウムは、潜在能力アプローチの有用性について、次のように書いています。

私たちは、豊かな生活を求める人々の闘いに敬意を払い、ひとりひとりを目的として扱い、行為主体として扱い、その権利において価値あるものとして扱うアプローチを求めている。この敬意が意味するのは、大人に関しては、少なくとも核心的領域における選択の良さの判断に関して独裁的にならないことであり、重要な選択と意味のある連帯のために個人に広い余地を残すことである。この敬意が意味しているのは、政治や伝統によって抑圧されることなく、自分自身の見識に従うことを認める立場に立つことである。そのためには、一般性と特殊性の双方、すなわち、すべてを包含するいくつかの一般的基準と、人々が生きている特殊な環境や文化に関する詳細な知識の双方を必要とする。功利主義的アプローチと資源に基づくアプローチの双方の欠点が示しているのは、もし私たちが満足や単なる資源の賦存量ではなく、人が実際に何をできるのか、どういう状態になれるのかに焦点を合わせるならば、私たちは最も適切な立場に立つことができるということである。効用や資源に基づく一般的基準は、文脈的な違い、すなわち環境が選好を形成し、資源を意味ある人間の活動に変換する個人の能力を形成するということに対して無神経である。機能やケイパビリティに幅広く関心を寄せることによってのみ、人間の努力と物的社会的文脈の間の複雑な相互関係を正当に取り扱うことができる。（ヌスバウム 2005, pp. 82-83）

冒頭の「私たちは、豊かな生活を求める人々の闘いに敬意を払い、ひとりひとりを目的として扱い、行為主体として扱い、その権利において価値あるものとして扱うアプローチ」は、潜在能力アプローチの本質をつくものです。そして、すべての人が生きる権利を保障され、多様で豊かな生き方を追求できる社会を実現するために、ヌスバウムは10項目の潜在能力の要素として「人間の中心的な機能的ケイパビリティリスト」（ケイパビリティリスト）を作成しています（表2）。

このリストから見えてくるのは、人間が人間らしく生きるためには、経済的基盤、社会的包摂、環境保全のすべてが重要であり、どれか1つが突出して優位または劣位であるような社会では、持続的に健康で幸せな暮らしを手に入れることが難しいということです。これこそ、循環型共生社会の本質であり、めざすべき社会と考える理由です。

そこで、循環型共生社会の特徴を具体化するために、ケイパビリティリストの各項目につい

表2　人間の中心的な機能的ケイパビリティリスト[*4]

ケイパビリティ	内容
1. 生命	正常な長さの人生を最後まで全うできること。人生が生きるに値しなくなる前に早死にしないこと。
2. 身体的健康	健康であること（リプロダクティブ・ヘルスを含む）。適切な栄養を摂取できていること。適切な住居に住めること。
3. 身体的保全	自由に移動できること。主権者として扱われる身体的境界を持つこと。つまり性的暴力、子どもに対する性的虐待、家庭内暴力を含む暴力の恐れがないこと。性的満足の機会および生殖に関する事項の選択の機会を持つこと。
4. 感覚・想像力・思考	これらの感覚を使えること。想像し、考え、そして判断が下せること。読み書きや基礎的な数学的科学的訓練を含む（もちろん、これだけに限定されるわけではないが）適切な教育によって養われた“真に人間的”な方法でこれらのことができること。自己の選択や宗教・文学・音楽などの自己表現の作品や活動を行うに際して想像力と思考力を働かせること。政治や芸術の分野での表現の自由と信仰の自由の保障により護られた形で想像力を用いることができること。自分自身のやり方で人生の究極の意味を追求できること。楽しい経験をし、不必要な痛みを避けられること。
5. 感情	自分自身の回りの物や人に対して愛情を持てること。私たちを愛し世話してくれる人々を愛せること。そのような人がいなくなることを嘆くことができること。一般に、愛せること、嘆けること、切望や感謝や正当な怒りを経験できること。極度の恐怖や不安によって、あるいは虐待や無視がトラウマとなって人の感情的発達が妨げられることがないこと（このケイパビリティを擁護することは、その発達にとって決定的に重要である人と人との様々な交わりを擁護することを意味している）。
6. 実践理性	良き生活の構想を形作り、人生計画について批判的に熟考することができること（これは、良心の自由に対する擁護を伴う）。
7. 連帯	A　他の人々と一緒に、そしてそれらの人々のために生きることができること。他の人々を受け入れ、関心を示すことができること。様々な形の社会的な交わりに参加できること。他の人の立場を想像でき、その立場に同情できること。正義と友情の双方に対するケイパビリティを持てること（このケイパビリティを擁護することは、様々な形の協力関係を形成し育てていく制度を擁護することであり、集会と政治的発言の自由を擁護することを意味する）。
	B　自尊心を持ち屈辱を受けることのない社会的基盤を持つこと。他の人々と等しい価値を持つ尊厳のある存在として扱われること。このことは、人種、性別、性的傾向、宗教、カースト、民族、あるいは出身国に基づく差別から護られることを最低限含意する。労働については、人間らしく働くことができること、実践理性を行使し、他の労働者と相互に認め合う意味のある関係を結ぶことができること。
8. 自然との共生	動物、植物、自然界に関心を持ち、それらと関わって生きること。
9. 遊び	笑い、遊び、レクリエーション活動を楽しめること。
10. 環境のコントロール	A　政治的：自分の生活を左右する政治的選択に効果的に参加できること。政治的参加の権利を持つこと。言論と結社の自由が護られること。
	B　物質的：形式的のみならず真の機会という意味でも、（土地と動産の双方の）資産を持つこと。他の人々と対等の財産権を持つこと。他者と同じ基準に立って、雇用を求める権利を持つこと。不当な捜索や押収から自由であること。

表3　人間の中心的な機能的ケイパビリティリストの意味とキーワード

ケイパビリティ	意味	キーワード
1. 生命	健康に生きられる社会、暴力や紛争のない社会	よく生きる、幸福・充足感
2. 身体的健康	健康に必要とされる栄養摂取、人間らしい暮らしのできる住環境を保障する社会	健康
3. 身体的保全	奴隷、暴力、虐待のない平和な社会、個の安全安心が保障される社会	人権、平和
4. 感覚・想像力・思考	感覚、想像力、思考を磨くことで豊かに生きていくことができる社会	教育、政治、文化
5. 感情	共感と情感の豊かな生き方ができる社会	社会、つながり、相互扶助
6. 実践理性	主体性を確立し、自らの生き方を構築できる力と権利を保障する社会、理性的な認知判断力の形成	主体性、善く生きる
7. 連帯	A　包摂と連帯のある社会	政治、社会
	B　多様性を認め合う社会、対等な立場で労働できる社会	公正、多様性、経済
8. 自然との共生	自然環境と共生する社会	環境
9. 遊び	こころの健康を大切にできる社会	文化、芸術
10. 環境のコントロール	A　政治的：選挙権の保障、言論や結社の自由を保障する社会	よき統治、政治
	B　物質的：経済的基盤となる資産、雇用保障、拷問、脅迫などを禁じる社会	経済権、社会権、財産権、公正

て、それぞれの本質的な意味とキーワードに分けて整理してみます（表3）。

表3のキーワードを見ると、潜在能力アプローチは「いのち」を最優先していることがわかります。このリストから、循環型共生社会は、いのちを大切にすることに加えて、教育、健康、人権、経済、文化が重要であり、公正、多様性、つながりを活かす社会をめざしていることがわかります。

本書は、循環型共生社会への変革を促すためには、社会発展モデルとしてウェルビーイングモデルが不可欠と考えています。次に、なぜ、そのように考えるのかの話に進むことにしましょう。

注

1 The Global Project on Measuring the Progress of Societiesのこと。https://www.oecd.org/site/progresskorea/measuringtheprogressofsocieties.htm（２０２２年1月17日閲覧）

2 幸福度に関する研究会と報告に関する資料については、次を参照のこと。https://www5.cao.go.jp/keizai2/koufukudo/koufukudo.html（２０２２年1月17日閲覧）

3 すべて国民は、健康で文化的な最低限度の生活を営む権利を有する。② 国は、すべての生活部面について、社会福祉、社会保障及び公衆衛生の向上及び増進に努めなければならない。

4 ヌスバウム（2005）pp.92-95をもとにして作成。

5章　循環型共生社会をつくるウェルビーイングモデル

本書は、循環型共生社会をつくるためには、経済成長モデルからウェルビーイングモデルへの転換が必要と考えます。では、「ウェルビーイング」とは何を意味するのでしょうか。また、ウェルビーイングモデルのしくみはどのようなものでしょうか。そして、ウェルビーイングモデルは果たして幸福をもたらすものなのでしょうか。これらの点について見てみましょう。

ウェルビーイングの意味

ウェルビーイングモデルのウェルビーイングは何を意味するのでしょうか。ここから話を始めることにします。世界保健機構（WHO）は、新型コロナ感染症対策の取り組みで一躍その存在を知られるようになりました。WHOは、健康維持増進のためにさまざまな活動を展開する国際機関です。１９４７年のＷＨＯ設立時に採択されたＷＨＯ憲章の前文には健康（Health）が次のように定義されています。

「健康とは、病気でないとか、弱っていないということではなく、肉体的にも、精神的にも、そして社会的にも、すべてが満たされた状態にあることをいいます。（日本ＷＨＯ協会訳）」[*1]

原文（英語）にはwell-beingが使われており、その対訳は「すべてが満たされた状態」です。つまり、ウェルビーイングとは心と体の健康だけではなく、社会生活の面においても満たされた状態にあることを意味します。

心身の健康の重要性については、あえて説明するまでもないと思います。では、〝社会的に満たされる状態〟とは何を意味しているのでしょうか。社会的に満たされる状態とは、社会の中で孤立することなく他者とよい関係を持つことができ、自分の居場所や役割を持つことのできる状態を指します。つまり、ウェルビーイングとは、心身の健康を維持しながら、社会的にも良好な状態にあるということです。経済的に苦しく生活がままならない人、差別やいじめにあい心が深く傷ついている人、独り身で孤立している人、このような状態にある人はウェルビーイングの低い、不健康な状態にあるといえるのです。

2030アジェンダのめざす社会は、不健康な状態にある人を減らして、健康な状態にある人を増やしていく社会です。それは、誰もが日々の生活に困ることのない経済基盤を持ち、社会的に疎外されることもなく、心身ともに良好な生活を送ることができる社会です。このようなウェルビーイングを大切にする社会を実現するためには、一人ひとりの持つ可能性を大切にして、多様な生き方への扉を開く、真に自由のある社会に変わっていくことができるかどうかにかかっています。

健康で幸せな人生を歩みたいという願いは、万人に共通のことでしょう。すでに見たように、経済成長モデルは、豊かな社会をめざしてきたのですが、残念ながら、経済格差や社会格差を引き起こしてしまい、深刻な社会の分断や国家間の対立を招いてきました。すでに、根っこにある問題は経済成長モデルと新自由主義経済にあると指摘しましたが、カギを握るのは、社会発展の軸を経済成長モデルと新自由主義経済政策に置くのではなく、真の自由を保障するウェルビーイングモデルと新たな政策に切り替えることによって、循環型共生社会へと社会を変革していくことです。そこで、次に、ウェルビーイングを大切にする循環型共生社会をつくるウェルビーイングモデルについて説明します。

ウェルビーイングモデルのしくみ

ウェルビーイングモデルの特徴はどのようなものでしょうか。図22は、ウェルビーイングモデルの構造を示しています。経済成長モデルと違って、ウェルビーイングモデルは、より多くのお金を稼ぐことができれば生活がよくなるとは想定しません。また、ウェルビーイングモデルは、一人ひとりが持っている潜在的な力を活かし、充足度の高い生き方を選択、追求できる社会をつくっていくことを目的としています。

では、経済成長モデル（図5）とウェルビーイングモデル（図22）の決定的な違いはどこにあるのでしょうか。一番大きな違いは、【環境】と【地域】が外生要因なのか、それとも内生要因なのかにあります。図5の点線で囲まれている部分に注目してください。点線の内側に【環境】と【地域】は含まれていません。これはどういうことかといえば、経済成長モデルでは、経済活動がモデルの中核にあり、経済活動のよしあしを左右する要素は、資源、資本、労働力、そして、技術です。【環境】と【地域】は、この中に含まれていません。したがって、環境破壊や地域の疲弊などは、経済活動から派生する外部の問題（外部性）とみなされ、何か問題が起きた時には、対応策を考えることはあっても、問題が起きる前に、環境を守るために生産量を引き下げるなど経済活動を抑えて問題を起こさないようにしようということにはならないの

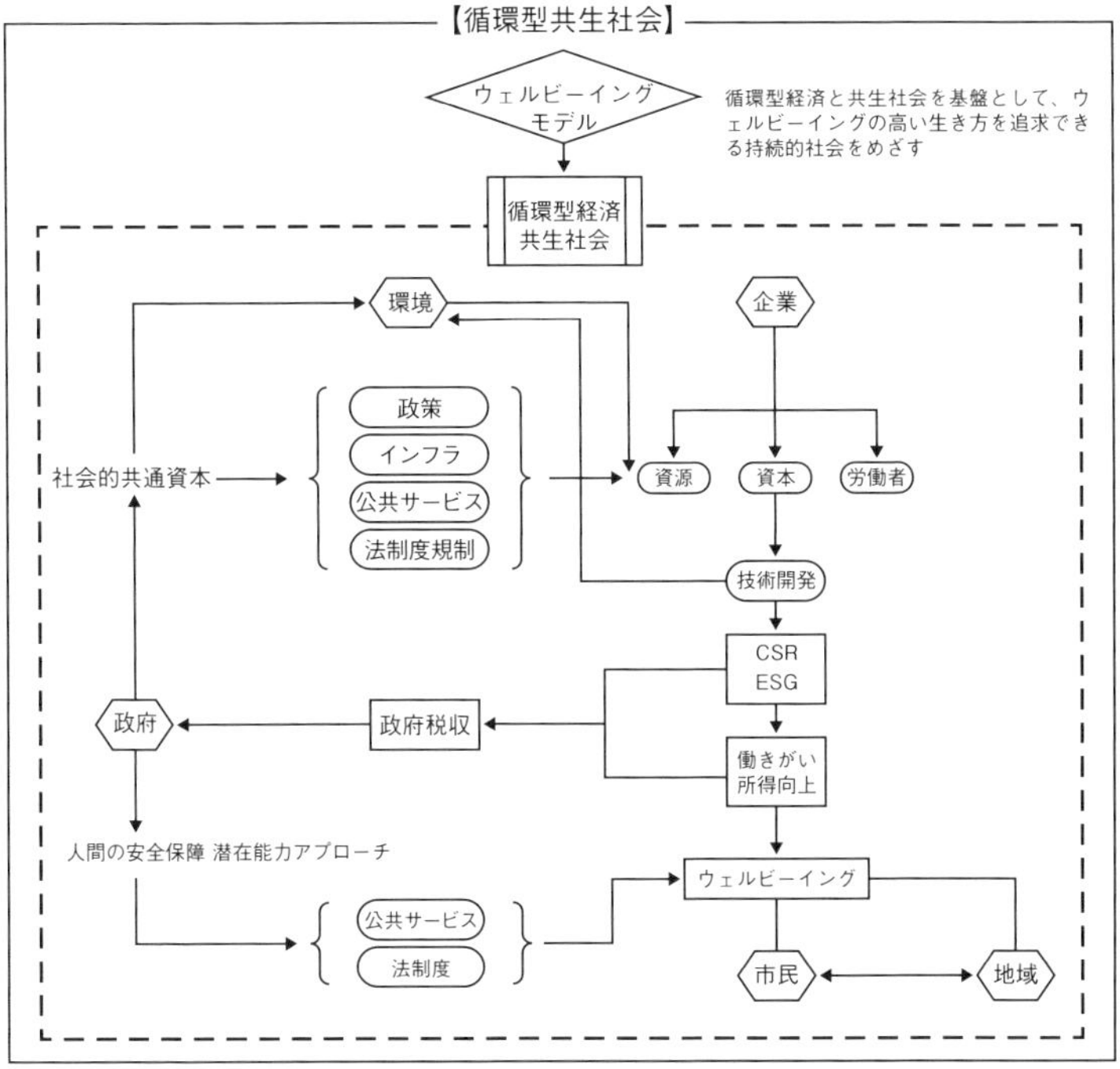

図22　ウェルビーイングモデルの図解

です。

次に、図22を見てみましょう。【環境】と【地域】は点線の内側に含まれています。これはどういうことかといえば、ウェルビーイングモデルは、【環境】と【地域】のどちらも、私たちの生活をよりよくしていくために欠かせない重要な要素であるということです。経済成長モデルは、経済的利益を最優先しますが、ウェルビーイングモデルは、環境や地域の視点から適切な経済発展の実現を探り、経済、環境、社会の3つの側面からウェルビーイングの高い社会の実現をめざすのです。

ウェルビーイングモデルの大黒柱：潜在能力アプローチ

ウェルビーイングモデルを支える大黒柱は潜在能力アプローチです。ここで、潜在能力アプローチは、どのような考え方なのかを詳しく見ていくことにします。経済学者アマルティア・センは、新自由主義経済の考え方に真っ向から対抗し、潜在能力アプローチを提唱しました。センは、貧困、不平等、不公正という社会の病に目を向け、誰もがウェルビーイングの高い生き方を追求できる社会とは何かを考え抜き、理論化し、潜在能力アプローチを提唱しました。センは、潜在能力アプローチの中で、本質的自由の重要性を唱えているのですが、彼のいう自由は新自由主義経済の自由とはまったく相容れない意味のものです。

セン（1999, 2000）は、誰もが真の自由を保障される社会こそ、よりよい生き方を選択できるウェルビーイングの高い社会であると考えます。〝真の自由〟とは、誰もが自分の持っている素質や可能性に気づき、それを伸ばしていくことによって、充足度の高い生き方を自ら選択できる自由のことです。これは、ジェレミー・ベンサムの功利主義と「最大多数の最大幸福」の理念に沿う新自由主義経済へのアンチテーゼといってもよいでしょう。幸せを感じる住民の絶対数が多ければ多いほど、幸せな社会になるわけではなく、一人ひとりの住民がより幸せな生き方を追求したり、選択できる社会こそ、価値のあるよりよい社会であると考えるのです。

では、真の自由のある社会とはどういうものかを具体的に考えてみましょう。足に障害のある人が、生活している社会の違いによって生き方が変わるのかどうかを取り上げます。ここに2つのまちがあると仮定します。1つは、誰もが自由にまちの中を移動できるように法律や社会制度が整備されていて、道路などの生活インフラの整備やバリアフリーのバスが走っています。もう1つは、法制度も整備されておらず、バリアフリーのバス導入などはまったくなされていません。この2つのまちでの生活は、障害のある人にとって、大きく違ってきます。バリアフリーのバスがあるまちで暮らせば、移動がしやすく、仕事の選択をはじめ、さまざまな社会参加の可能性が広がります。図書館や博物館などで文化芸術を楽しむこともできるでしょう。障害に因る不都合をカバーできるまちで暮らしているかどうかによって、生活の仕方や人生の選択肢や生き方が大きく変わってしまうのです。憲法第25条で規定されている生存権「すべての人が健康で文化的な生活を営むことができる」を実現するためには、経済的基盤、社会的参加、政治的参加、知識文化の機会の保障、そして環境面の保全がなされている社会をつくり、そのように暮らせる地域を増やしていくことが重要になるのです。

3つのタイプの潜在能力

潜在能力アプローチは、一人ひとりの人間の持つ機能と能力を引き出し、よく生きるための選択ができる社会の実現をめざしています。潜在能力アプローチの提唱者はもう一人いて、それは前章で紹介した哲学者のマーサ・ヌスバウムです。ヌスバウムは、アリストテレスの最高善（Eudaemonia）の追求を重要視し、潜在能力アプローチの考えにたどり着きました。最高善とは、自分の利益になることを考えて行動する以上に、他者にとって最善となることを行うことによって到達できる幸せな生き方の境地を意味します。そのように「善く生きる」ことが大切であり、それが幸福な生き方につながると考えるわけです。ヌスバウムは善く生きることができる社会づくりをめざすべきであり、その実現のために潜在能力アプローチを基盤とする社会への転換を提唱したのです。

表2と表3で見たように、センと違って、ヌスバウムの考える望ましい社会（Nussbaum 2000/2005, 2011）は、かなり具体的です。善く生きるためには、安定した経済基盤を持つだけではなく、社会的包摂、政治的参加の保障、多様な文化を認め合う社会での暮らしが欠かせません。そのような社会を実現するための方策が潜在能力アプローチにあると考えているのです。

ヌスバウムの潜在能力アプローチの特徴は、善く生きて、幸せな人生を送るには、個人と社会の両者が密接に関係し合っていると考える点にあります。彼女は、潜在能力を3つのタイプ—基礎的潜在能力、内的潜在能力、結合的潜在能力—に分け、個人と社会の相互関係を次のように説明します（125ページの図23参照）。

まず、基礎的潜在能力、内的潜在能力、結合的潜在能力がそれぞれ何を意味しているのかを見ておきましょう。1つ目の基礎的潜在能力とは、生まれた時から備わっている人間の機能のことを指します。たとえば、人間は生まれると、おぎゃーと声を出します。自然に涙を流すこともあります。手足をばたつかせることもできます。にっこりと笑うこともあります。これらは、誰かから教えられたわけではありません。また、障害を持って生まれる場合もあります。これは生きていくうえでの制約になるものですが、基礎的潜在能力になります。

2つ目の内的潜在能力とは何でしょうか。人間は成長する過程で、基礎的潜在能力を磨き、幅広い知識を習得し、技能を身につけ、その結果として、仕事、スポーツ、芸術、趣味など、さまざまな活動を楽しむことができるようになります。これを内的潜在能力といいます。このように、基礎的潜在能力を内的潜在能力へと昇華させるには個人の努力や家族をはじめとする周りの支えが重要になります。

3つ目の結合的潜在能力は、個人の潜在能力を伸ばすことに軸足を置く基礎的潜在能力や内的潜在能力とは違い、社会のあり方に目を向けます。つまり、自分の磨いてきた潜在能力を実際に社会の中で活かすことができる社会なのかどうか、社会のあり方に焦点をあてるのです。個人の潜在能力を伸ばすことができても、それを発揮できる社会でなければ意味がなくなるからです。

ここで、2つの例を考えてみましょう。1つ目は、サウジアラビアでの話です。サウジアラビア初の女性監督ハイファァ・アル＝マンスールが制作した『少女は自転車にのって』と題する映画があります。この映画は、自転車に乗りたい少女が主人公ですが、イスラム教の戒律があり、サウジアラビアでは女性が自転車に乗ることは好ましくないこととされています。それでも、少女は何とかして自転車を手に入れ、少年たちと自転車で競争したいと考えます。そこで、少女は、それまであまり勉強に力を入れていなかったけれど、一念発起して、コーランの暗唱大会に臨んで賞金を取り、その賞金で自転車を手に入れようとする話です。結末は、宗教やジェンダーの問題が絡み合う展開になっていきます。もしも、この少女が日本で生活していたとしたらどうでしょうか。自転車を手に入れるためのお金を貯めることには変わりはないと思いますが、自転車に乗ること自体がとがめられることはありません。この少女が自転車乗りの才能を持っていたとしたら、オリンピックに出場する可能性もあるわけです。でも、厳格なイスラム教の社会では、自転車に乗ることは、女性には望ましくない行為なのです。これこそヌスバウムのいう生き方の選択肢が狭められてしまうという社会の制約にあたります。持って生まれた天与の身体能力（基礎的潜在能力）を活かし、技を磨き、練習を積み重ねて自転車を乗りこなせるようになった（内的潜在能力）としても、社会の方針や地域のしきたりからその能力を発揮させてもらえないという壁（結合的潜在能力の欠如）に直面してしまうわけです。この壁とは、宗教であったり、伝統的通念や慣習であったり、あるいは、法制度であったりするわけです。これらの壁は、個人の力だけでは解消することが難しく、まさに、社会のあり方に直結する大問題なのです。

2つ目は日本の例です。日本では、家父長制の影響もあって、仕事における女性の仕事や家庭の中における女性の役割（それは男性の役割の規定の裏返しでもある）が、本人の能力と無関係に規定されていることがあります。その結果は、夫と妻の間の家事労働時間の比較調査結果に如実に表れます。男女共同参画白書（令和2年度[*2]）によれば、一日あたりの家事・親の介護時間は男性平均44分、女性平均208分となっていました。これは平均の話ですから、すべての夫婦において家事負担が女性偏重になっているというわけではありませんが、そのようになっていることと自体を社会として問題視し、即座に解消しようという機運にはなっていません。仕事でも、女性は非正規雇用の割合が高いのですが、これは、稼ぎ手は男性（夫）であり、女性（妻）は子育てや家事を担うべきで、女性の労働は補助的に家計を支える程度でいいという性別役割観が根底にあるからです。実際、扶養家族手当や年金の第3号被保険者制度がこのような考えを助長しているといえるでしょう。もちろん、主夫のケースもありますが、その数は、圧倒的少数です。

ヌスバウムは、3つ目に結合的潜在能力を規定していますが、その理由は、どの社会に生まれても、個々のウェルビーイングを高められるかどうかは社会のあり方次第と考えるからです。どんなに素晴らしい才能を持っていても、生まれた社会によって、その才能を活かす生き方がすべての人に認められているかどうかによるというわけです。

「結合的潜在能力」について、大学で学生と話をした時、次のようなことが結合的潜在能力を阻害しているのではないかといわれたことがあります。日本では、同性間結婚、つまり、同性間で正式に家族となることは法律で認められていません。地方自治体の中には、パートナーシップ制度を制定していますが、これは、結婚とは違います。パートナーシップ制度は、前進とみなしてよいものですが、カナダ、フランス、イギリスなど、法律で同性婚を認めている国の状況とは大きくかけはなれています。社会の多様性を重視するのであれば、LGBTQの暮らしやすさ、生きやすさをしっかりと保障していく社会であるべきなのです。

潜在能力アプローチに基づくウェルビーイングモデルは、個人と社会の両方が手を取り合ってよりよい生き方を尊重する社会にしていくためのモデルなのです。

ウェルビーイングモデルの土台：社会的共通資本

ウェルビーイングモデルがうまくいくかどうかは、社会がゆたかな社会になるための土台から成り立っているのかどうかにも大きく左右されます。本書は、ウェルビーイングを大切にする社会の実現には、社会的共通資本を土台とする社会であることが不可欠と考えます。

社会的共通資本の概念と理論を作り上げたのは、経済学者の宇沢弘文です。宇沢は、若くしてシカゴ大学教授となり、新自由主義経済を唱えるフリードマンの同僚でした。宇沢は、フリードマンの新自由主義思想を、人間の命と真のゆたかさをないがしろにする間違った考え方であると強く批判しました。帰国後、東京大学の教員となった宇沢ですが、戦後、日本は高度経済成長を遂げたものの、水俣病をはじめとする産業公害、経済開発に伴う環境資源乱伐による国土の荒廃、自動車社会のもたらす大気汚染やコミュニティを喪失したのを目の当たりにし、社会のあり方、とりわけ「ゆたかな社会」について真剣に問うようになったのです。そして、新自由主義と経済成長モデルに代わる社会的共通資本を構想し、理論化しました。宇沢は、社会的共通資本を基盤とする社会をゆたかな社会の基本的諸条件であるとし、次のように定義しています。

社会的共通資本は、一つの国ないし特定の地域に住むすべての人々が、ゆたかな経済生活を営み、すぐれた文化を展開し、人間的に魅力ある社会を持続的、安定的に維持することを可能にするような社会的装置を意味する。

社会的共通資本は自然環境、社会的インフラストラクチャー、制度資本の三つの大きな範疇にわけて考えることができる。大気、森林、河川、水、土壌などの自然環境、道路、交通機関、上下水道、電力・ガスなどの社会的インフラストラクチャー、そして教育、医療、司法、金融制度などの制度資本が社会的共通資本の重要な構成要素である。都市や農村も、さまざまな社会的共通資本からつくられているということもできる。（宇沢 2000, pp. i-ii）

社会的共通資本はゆたかな社会を実現するために構想されていますが、ゆたかな社会とはどのような社会でしょうか。少し長くなりますが、ゆたかな社会について、再び、宇沢の言葉を引用します。

ゆたかな社会とは、すべての人々が、その先天的、後天的資質と能力とを充分に生かし、それぞれのもっている夢とアスピレーションが最大限に実現できるような仕事にたずさわり、その私的、社会的貢献に相応しい所得を得て、幸福で、安定的な家庭を営み、できるだけ多様な社会的接触をもち、文化的水準の高い一生をおくることができるような社会である。このような社会は、つぎの基本的諸条件をみたしていなければならない。

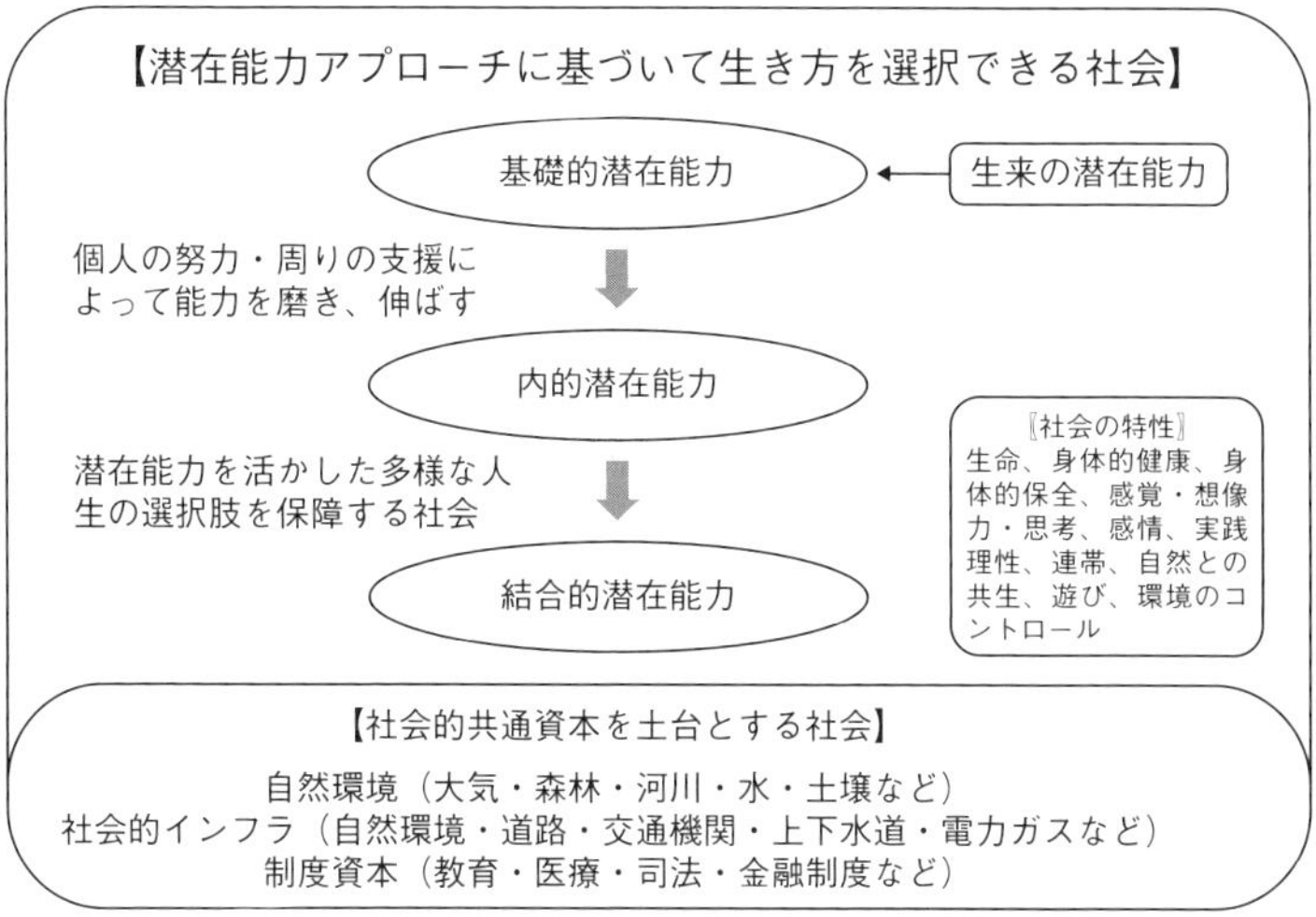

図23　ウェルビーイングを大切にする社会の特徴

（1）美しい、ゆたかな自然環境が安定的、持続的に維持されている。

（2）快適で、清潔な生活を営むことができるような住居と生活的、文化的環境が用意されている。

（3）すべての子どもたちが、それぞれのもっている多様な資質と能力をできるだけ伸ばし、発展させ、調和のとれた社会的人間として成長しうる学校教育制度が用意されている。

（4）疾病、傷害にさいして、そのときどきにおける最高水準の医療サービスを受けることができる。

（5）さまざまな希少資源が、以上の目的を達成するためにもっとも効率的、かつ衡平に配分されるような経済的、社会的制度が整備されている。

ゆたかな社会は（中略）すべての人々の人

間的尊厳と魂の自立が守られ、市民の基本的権利が最大限に確保できるという、本来的な意味でのリベラリズムの理想が実現される社会である。（宇沢 2000, pp. 2-3）

つまり、社会的共通資本は、新自由主義経済政策が社会にもたらすさまざまな問題に対処するための経済学の処方箋であり、私たちがウェルビーイングの高い暮らしや生き方を実現していく社会に必要とされる要素を見事に示しています。それは、国の政治的体制の違いを超え、どの国や社会においても、人間らしい生活を送るために欠かせない要素です。これらの要素を土台に持つことなくしてウェルビーイングモデルの成果をあげることは難しく、逆に社会的共通資本が整備されている社会であれば、循環型共生社会への変革の可能性が開かれていくと考えます（図23）。

ウェルビーイングモデルと幸福度

経済成長モデルに代わるモデルとして、ウェルビーイングモデルについて見てきましたが、この2つのモデルのどちらがより幸せをもたらすのでしょうか。

幸せに生きたいという願いは、アリストテレスが活躍したギリシャ時代、仏教をおこしたお釈迦さまの時代から連綿と続く人間の願いです。経済成長モデルは、最大多数の最大幸福を重視し、平均所得の増減に目を向けてきました。一方、ウェルビーイングモデルは、誰もが健康で幸せな生き方を自由に選択できる社会を目標にしています。どちらも、人々の幸せを重視しているわけですが、経済成長モデルとウェルビーイングモデルのどちらがより人々の幸福と関係しているのかを幸福度データをもとにして考えてみることにします。

まず、2つのモデルと幸福度との関係をどのような方法で比較するのかを説明します。

① 幸せを測る指標：主観的幸福感（SWB）データ

最近では、幸せについての研究が進み、幸福度の度合い、生活への満足度の度合い、生活の質の度合いといった主観的な生活実感評価データ（SWB：主観的幸福感）[*3]が重用されるようになりました。もちろん、注意すべきこともあります。そもそも「幸せ」という言葉の持つ意味が、受け止める人の捉え方1つで大きく変わってしまうことがあるという点です。たとえば、ある人にとっては、幸せとは今日幸せかどうかを評価するものと考えるかもしれません。今、どことなく気分がいい、と感じるのも幸せといえますし、おいしい食事だった、友人と楽しく会話した、家族と気持ちよく過ごせた、宝くじに当たった、などで幸せを感じることもあるでしょう。そう考えると、幸せは、移ろいやすく、変わりやすい個人特有のものといえるのかもしれません。他方、この1年を振り返ると総じて幸せだったな、というように、もっと長い時間軸で幸せかどうかを考える人もいるでしょう。1年を無事に過ごすことができた、貯金ができて安定した生活ができるようになった、というように幸せを評価することもできるわけです。

したがって、研究者の中には、幸せの評価には個人の好みが強く出てしまうのではないかという理由から、主観的幸福感で国や社会の現状を評価することは適切ではないと指摘する人もいます。では、この尺度は全く活用できないものなのでしょうか。まず、この点を確かめておく必要があります。そこで、主観的幸福感のデータを具体的に見てみることにします。

みなさんは、自分の幸福度がどれくらいなのか、考えてみたことがありますか。典型的な幸福度に関する質問は、内閣府実施の国民生活選好度調査で使われていました。その質問は「現在、あなたはどの程度幸せですか。『とても幸せ』を10点、『とても不幸』を0点とすると、何点くらいになると思いますか」です。2011（平成23）年度の調査[*4]では、日本人の幸福度の平均は10点満点中約6・41点、男性よりも女性のほうが幸福度の平均は高いという結果でした。点数の高低も気になりますが、この調査には、もう1つ幸福度に関する重要な質問が含まれていました。それは、10点満点で点数づけを行った自分の幸福度に影響を与える要素は何ですかという質問です。「幸福感を判断する際に、重視した事項は何ですか」という質問で、選択肢[*5]の中から該当するものをすべて選択させるものです。その結果（図24）は実に興味深いもので

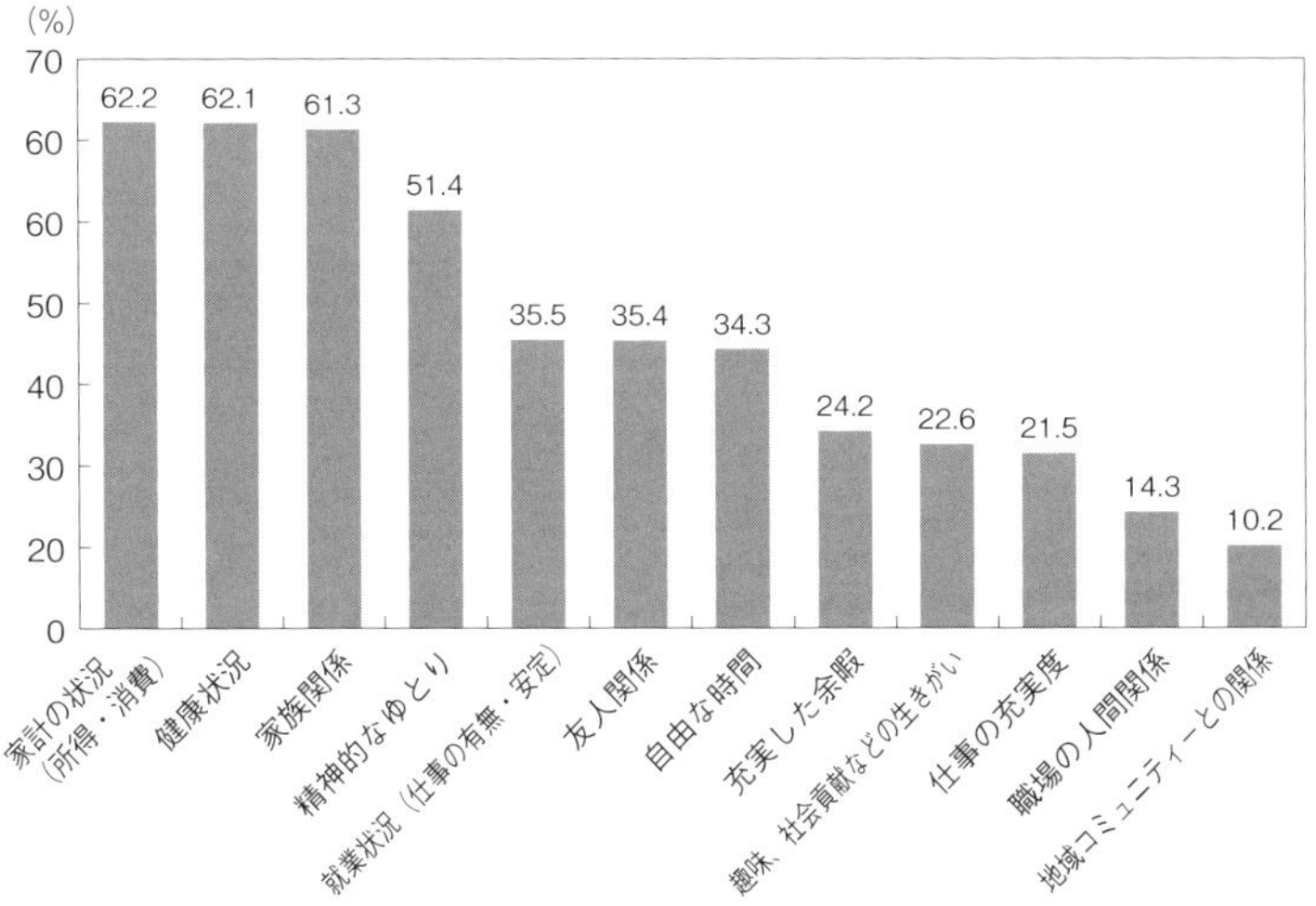

図24　幸福感の判断に影響を与える要素

出所：平成23年度 国民生活選好度調査[*6]

した。「健康状況」「家族関係」「家計の状況（所得・消費）」がトップ3で、いずれの項目も6割以上の回答を集めていたのです。

つまり、【健康状態】【人間関係】【経済基盤】の3つが幸福度を左右する要素だったのです。幸福度を測る際、回答する人が何を思い浮かべるかによって幸福度の意味合いが変わってくる可能性はあるのですが、幸福度のデータには、暮らし向き、健康状態、人間関係の状況が十分に思慮されているといってよいでしょう。

世界に目を向けると、主観的幸福感データと社会発展との関連性に着目した研究が数多く行われており、中でも注目すべきは、世界幸福度調査（WHR）[*7]です。カナダの経済学者ジョン・ヘリウェルとアメリカの経済学者ジェフリー・サックスが主導し、国連の支持を得て、2012年から毎年発表されている質の高い調査研究報告書です。目を引くのは、国ごとの社会状態を幸福度に関するデータ[*8]を用いてウェルビーイングの観点から評価し、ランキングづけをしている点です。現在、WHRは世界的に活用されており、一定の信頼性が担保されています。そこで、本書も、WHRが使っているものと同じ幸福度に関するデータを使い、幸福度の高低と経済成長モデルとの関係、幸福度の高低とウェルビーイングモデルとの関係を掘り下げることにします。

②経済成長モデルの総合的指標：GDP

経済成長モデルを代表する指標は国内総生産（GDP）[*9]を活用します。なぜなら、近代化の最大の目標は、できるだけ多くの国民の物質的な生活水準を引き上げていくことであり、それを評価するには、国単位の国内総生産が適切と考えるからです。

③ウェルビーイングの総合的指標：HDI

ウェルビーイングに関する世界で共通の指標は、まだ開発されていないため、代わりの指標が必要です。すでに、ウェルビーイングモデルの大黒柱は、潜在能力アプローチであることを説明しました。この潜在能力アプローチをベースにして、国連開発計画が開発した人間開発指数（HDI）[*10]があります。HDIは、経済、教育、健康の3つの側面から総合的に生活の質の評価を測る指標で、すでに、30年以上にわたり、国連や世界各国が活用しています。そこで、ここでは、HDIを総合的なウェルビーイングモデルの指標とみなし、活用します。

ウェルビーイングモデル対経済成長モデル

まず幸福度データ（SWB）、経済成長モデルの進捗評価データ（GDP）、ウェルビーイングモデルの進捗評価データ（HDI）の3指標を使って、世界各国の状況を見てみることにします。

表4は、各指標ごとにトップ20の国をリストアップしたものです。この表を見ると、GDPランキングとHDIランキングの上位の顔ぶれが大きく違っていることがよくわかります。GDP上位には、アメリカ、中国、インドなどの大国が並び、日本は4位と、依然として経済規模の大きさでは世界有数です。ところが、HDIになると、トップの顔ぶれはがらりと変わり、ノルウェー、スイス、オーストラリア、ドイツ、スウェーデンと西欧の国々がずらりと並びます。日本は20位でした。最後に、幸福度の指標であるSWBを見てみると、どうでしょう

表4　GDP, HDI, SWBに基づく上位20ヵ国（2015年）

	GDP(2015)	HDI(2015)	SWB(2015)
1	アメリカ	ノルウェー	ノルウェー
2	中国	スイス	スイス
3	インド	オーストラリア	デンマーク
4	日本	ドイツ	アイスランド
5	ドイツ	スウェーデン	フィンランド
6	ロシア	シンガポール	ニュージーランド
7	ブラジル	香港	カナダ
8	イギリス	アイスランド	オランダ
9	フランス	オランダ	オーストラリア
10	インドネシア	デンマーク	スウェーデン
11	イタリア	アイルランド	イスラエル
12	メキシコ	フィンランド	オーストリア
13	トルコ	カナダ	ドイツ
14	韓国	アメリカ	ベルギー
15	スペイン	イギリス	アメリカ
16	カナダ	ニュージーランド	コスタリカ
17	サウジアラビア	ベルギー	アイルランド
18	オーストラリア	リヒテンシュタイン	ルクセンブルグ
19	タイ	オーストリア	アルゼンチン
20	ポーランド	日本	ウルグアイ

か。上位は、ノルウェー、スイス、デンマーク、アイスランド、フィンランドとヨーロッパの国々が並んでいます。日本は50位でした。表を見る限り、GDPとSWBの間にはあまり関係があるようには見えませんが、HDIとSWBの間には何らかの関係があるようです。

では、これら3つの指標の間には何らかの関係があるのでしょうか。たとえば、GDPが高くなると幸福度が上がっていくのでしょうか。HDIが高いと幸福度が上がっていくのでしょうか。このことを相関係数で確認してみること

表5　HDI, GDP, SWBの相関関係

		HDI2015	lnGDP2015
SWB2015	Pearson の相関係数	.820**	.473**
	有意確率 (両側)	0	0
	度数	137	137

**. 相関係数は 1% 水準で有意（両側）です。

表6　HDI, GDP, ジニ係数の相関関係

		HDI2015	lnGDP2015
ジニ係数2015	Pearson の相関係数	−.786**	0.133
	有意確率（両側）	0	0.468
	度数	32	32

**. 相関係数は1%水準で有意（両側）です。

にします。

表5は、3つの指標の2015年のデータを使って、相互の指標間の相関係数[*11]を示しています。これを見ると、GDPとSWBの間には正の相関関係（0.473）はありますが、それほど強くはありません。他方、HDIとSWBの間には、とても強い正の相関関係（0.820）が認められます。これは、HDIの高い国では、国民の幸福度も高くなっているということを意味します。経済成長だけではなく、教育や保健衛生の改善を進めていくことが幸福度を上げていくことにつながるということが示唆されます。

「誰一人取り残さない持続的な社会」を実現するためには、社会の中にあるさまざまな格差を解消していかなければいけません。その中から、所得格差を取り上げ、GDP、HDIと所得格差について比較してみます。

まず、所得格差をどの指標で測るかを決める必要があります。国における所得格差の度合いを示す指標にジニ係数があり、よく活用されています。そこで、ジニ係数を用いて、ＧＤＰやＨＤＩとどう関係しているのかを相関係数で見てみます。

表6は、２０１５年のジニ係数（データのある32ヵ国のみ）とＧＤＰやＨＤＩとの相関係数を示しています。これを見ると、ＧＤＰとジニ係数の間にはほとんど関係は認められません。しかし、ＨＤＩとジニ係数の間には、強い負の相関関係が認められます。このことから、所得格差が大きければ大きいほど、ウェルビーイングが低くなっていくことが推察できます。したがって、いかにして所得格差を抑えていくかが重要になるわけです。

ＧＤＰに比べると、ＨＤＩは所得格差の拡大に敏感であり、ＨＤＩが高くなればなるほど、所得格差が減少していくことがわかりました。この点からも、経済成長モデルではなく、ウェルビーイングモデルのほうが幸福度の高い社会をつくり、誰一人取り残さない持続的な社会の実現につながっていくと考えられるのです。

注

1　https://japan-who.or.jp/about/who-what/identification-health/（２０２２年1月17日閲覧）

2　https://www.gender.go.jp/about_danjo/whitepaper/r02/gaiyou/pdf/r02_gaiyou.pdf（２０２２年１月17

日閲覧）

3 Subjective Well-Being の略。ＳＷＢは主観的幸福感を意味し、ＳＷＢデータは生活への満足度を段階評価したデータのこと。

4 全国に居住する15歳以上80歳未満の男女を母集団とし、層化二段無作為抽出法で対象者を抽出しての訪問調査であり、平成23年度の対象者数は４０００人で、有効回収者数（回答率）は２８０２人（70・１%）。

5 選択肢は、家計の状況（所得・消費）、就業状況（仕事の有無・安定）、健康状況、自由な時間、充実した余暇、仕事の充実度、精神的なゆとり、趣味・社会貢献などの生きがい、家族関係、友人関係、職場の人間関係、地域コミュニティーとの関係の12である。

6 国民生活選好度調査については、次を参照のこと。https://warp.da.ndl.go.jp/info:ndljp/pid/10361265/www5.cao.go.jp/seikatsu/senkoudo/senkoudo.html（２０２２年1月17日閲覧）

7 World Happiness Report については次を参照のこと。https://worldhappiness.report/（２０２２年１月17日閲覧）

8 ＷＨＲは、Gallup社の幸福度データを用いて分析し、報告書にまとめている。

9 ＧＤＰ（Gross Domestic Products）国内総生産を意味し、一定期間、特定の国または社会において、経済生産活動によって生み出された付加価値の総額を表す。ここでは、世界銀行のデータを用いる。

10 ＨＤＩ（Human Development Index）人間開発指数を意味し、生計面、知識技能面、健康面の３つの側面から、国民の生活状況を把握し、その度合いによって、当該国の社会がより豊かな生き方をするための必要条件を備えているかを示す。ここでは、ＨＤＲ（人間開発報告書）のデータを用いる。

11 相関係数を出すにあたり、ＧＤＰについては、そのままの数値を使っても、国家間のＧＤＰの大きさがかなり違うため、意味のある相関係数にはならない。そこで、ＧＤＰの対数（lnGDP）を使い、係数を算出している。また、３つのデータを有する１３７ヵ国のデータを用いて計算している。

6章 ウェルビーイングモデルによる政策づくり

循環型共生社会の実現をめざし、経済成長モデルからウェルビーイングモデルに転換した場合、政策はどう変わるのでしょうか。ウェルビーイングを重視する社会では、どのような政策が採用され、その中身はどうなるのかを考えてみます。

自助・共助・公助原理の限界

従来の経済成長モデルは、経済基盤を強固にすれば、あとは、個人がそれぞれの生き方を追求でき、よい生活を送れるだろう、と考えていました。とくに、新自由主義経済が大きな影響力を持つようになってからは、自助努力が強調され、自助努力前提の政策を採用してきたといっても言い過ぎではないでしょう。これは、具体的にどういうことなのかを考えてみることにします。

自助・共助・公助について、政府は次のように考えます。【自助】は、自分の力を伸ばしたり、課題に直面したら、まずは自分で解決すること。【共助】は、どうしても自助だけで対応できない場合に、隣人、友人、職場の同僚などの支援によって解決すること。【公助】は、自助や共助で解決が難しい場合に、公的制度を利用して課題を解決すること。政府は、自助・共助・公助を【自助】⇓【共助】⇓【公助】のように順序づけしたうえで公的支援制度を作ってきました。

一例として、教育を取り上げてみます。子どもの努力と家族の支援が自助に相当するでしょう。子どもの能力を磨くために、家族が支援します。言葉を覚える、着替えをする、食事をする、これらは、家庭で学ぶことになります。子どもが一人で外出するようになれば、親戚や近所の方からいろいろなことを教えてもらうこともできるでしょう。そして、就学年齢になれば、学校に通い始めます。学校は、個々の家庭や地域だけではサポートできない知識や技能を修得するための教育を行います。家庭、地域、学校が各々の役割を果たしていけば、子どもは才能を伸ばし、技能を磨いていくことができると思います。

しかし、子どもが家庭で十分なサポートを得られない場合や地域との関係がうまくいっていない場合には、子どもが学校に通い始めても、その子の才能を見いだしたり、能力を磨くことが難しくなるケースが出てきてしまいます。家庭で学ぼうにも、親が多忙で面倒を見られない場合もあるでしょう。また、転居が多いため、地域との関係をうまく築けずに、隣人のサポートを受けられない場合もあるでしょう。家庭（自助）と地域（共助）の支援が十分でないために、学びの機会から取り残される子どもが出てきてしまいかねません。

さらに、経済面においても、新自由主義経済と経済成長モデルが自助・共助・公助の引き起こす問題に火に油を注ぐ形になってしまいました。企業は利潤を出すために激烈な経済競争を勝ち抜かなければなりません。業績が悪化すると、賃金をカットしたり、非正規雇用にシフトしていったのです。それでも、自助、共助、公助の建前は崩れませんから、ますます、自助の段階で行き詰まる人が増えてしまいました。結局、経済と社会両面で、格差を縮小できないばかりか、むしろ、拡大させてしまったのです。

社会を構成する一人ひとりのメンバーがやるべきこと（自助）、メンバー同士で協力してやるべきこと（共助）、そして、地方や中央政府が支援すること（公助）が重要であるのは間違いありません。しかし、自助⇒共助⇒公助のように個人、地域住民や職場の同僚、政府の三者が各々の活動領域を設定し、縦割りで果たすべき役割と出番を決めて補完するやり方では、誰一人取り残さない持続的な社会をつくることにはならないのです。

再び、教育を例にとって考えてみましょう。生活に何ら不安のない家庭の子どもは、比較的安心して学校に通うことができます。自分をどう成長させたいのか、どこまで成長できるのかは、自分の意志や努力、身近に支援してくれる家族や友人の存在、図書館、美術館、スポーツ施設などのインフラにアクセスできるかどうかによって変わってきます。

しかし、生活が不安定な家庭の子どもの場合は、この限りではありません。親が子どもの支援をしたくても、支援するためのお金がないケースもあります。施設を利用したくても、通うための交通費がない場合もあるでしょう。苦しい家計を助けるため、子どもがアルバイトをして生活費を工面したり、家族の中に介護が必要な人がいる場合には、仕事を持っている親を支えるため、在宅のヤングケアラーとならざるを得ず、学校にさえ普通に通えなくなってしまうケースも出てくるわけです。

このような場合、子ども自身の努力や希望だけでは、自分の才能を見いだしたり、技能を磨くことができなくなります。周りの手助けや政府の支援が必要になりますが、公的な支援策が整備されていない場合には、十分な教育を受けることが難しくなり、自分自身の将来を展望しにくくなってしまいます。いったん、そのような状況に置かれてしまうと、内に秘めている潜在能力を見つけ出したり、磨いていく機会は減り、生き方の選択肢が少なくなります。データを見てみると、日本のシングルマザー（母子家庭）の貧困率は50%以上という高さで、さまざまな事情から児童養護施設の入所者数の高止まりや児童虐待件数も年々増えています。このままでは、誰一人取り残さない持続的な社会を実現できないでしょう。自助と共助に重きを置くことで、生活困難な状態に陥ってしまう人を増やすのではなく、そうなる前に公的に支援できるように、個人、地域、政府がいつでも臨機応変に連携していくしくみに変えていくことを、ウェルビーイングモデルは重視します。

もう1つ、別の視点から自助・共助・公助の問題点を指摘しておきます。「福祉」と聞くと、生活に困っている人を助けてあげることを思い浮かべるのではないでしょうか。お金に困り、生活できない人には、生活保護制度がありますし、仕事を失うと失業保険を頼りにしたり、ハローワークで仕事探しをすることができます。子育て世帯の場合には、児童手当が用意されています。また、高齢者の場合には、自立した生活ができなくなると活用できる介護保険があります。

このように、日本には、さまざまな生活支援制度が整えられているのですが、課題もあります。**本当に助けを必要とする人がいつでも制度を利活用できているのか**どうかという点です。生活保護の受給資格があっても、申請しない人がいるという話を聞いたことがあるかもしれません。支援を受けることは「みっともない」「恥ずかしい」、あるいは「人の面倒になってはいけない」と考え、そういう状況を作ったのは自分に非があったからだと自分を追い込んでしまう人が多いといいます。また、申請しても、役所が受け付けないというケースもあるそうです。なぜそうなるのか。おそらく、生活支援制度の運用において、国民はできる限り自助努力で物事に対応すべきであって、共助や公助に頼るのはぎりぎりまで避けるべきという考えがあるからだと思います。

個人・地域・行政が対話し、協働する社会への転換

繰り返しになりますが、〝ウェルビーイングを大切にする社会をつくる〟ためには、横断的に連携しながら、有効な政策を作っていくことが不可欠です。政府予算の制約を金科玉条のごとく盾にして、資源に限りがあるから、まずは、みなさん自身でやってくださいという自助・共助ファーストの公助であってはならないと考えます。健康を失いかけたり、生活が厳しくなりそうな人がいたら、その人が長く不健康や不幸せな状態に陥る前に、家庭、地域、そして政府が相互に連携して生活状態の改善を図り、ウェルビーイングを維持できるように支え合うことが当たり前の社会に転換していくべきなのです。

経済成長モデルとは違い、ウェルビーイングモデルは、行政があらゆるケースを想定し、誰に対しても、ウェルビーイングを損なわないためにはどうすべきかを考えて、制度を運用します。「個人で対処すべき問題だから自分で切り抜けなさい」という自己責任の考えには立たず、あたたかく寄り添いながら、受け身の支援ではなく、積極的に働きかけていく支援のしくみを

つくるのです。

福祉の分野で「誰一人取り残さない社会をつくる」を実践された方に、中澤健さんがいます。中澤さんは、当時の厚生省の障害対策専門官として、日本でノーマライゼーションが当たり前になるような社会にしたいという志を持って活躍された方です。中澤さんは、定年を待たずに、国家公務員を辞し、1990年代前半に東南アジアのマレーシアに拠点を移し、マレーシアの障害福祉向上のために全力を傾けることにしました。その後、中澤さんは、マレーシアで四半世紀以上にわたり、パードナーである和代さんの力を得て、障害者に対するさまざまな支援活動をマレーシアの人々とともに展開されました。その結果、以前はマレーシア社会の中で、社会生活の表側にまったく出てくることのなかった障害のある子どもや若者の存在に目を向けさせ、社会参加への道を切り開いていったのです。

特筆すべき点は、中澤さんの福祉の現場における実践哲学です。マレーシアの障害者問題に取り組むには、マレーシア人自身が問題を自分事として捉え、主体的に支援活動に取り組んでいくことが不可欠であり、そのための支援を地域住民、企業、行政が連携して推進するという方針を貫かれました。その結果、数多くの障害のある子どもや若者のこころを大切にする人としての尊厳に基づいた支援活動につながったのです。また、中澤さんの呼びかけから、日本から多くの若者がマレーシアにわたり、福祉ボランティアとして、この支援活動に参加し、「一人ひとりのいのち」を大切にする社会人として成長していきました。中澤さんは、福祉とは何か、次のようにいいます。

> 福祉とは、困っている人や弱い人を守ることだ。より弱いいのちであれば、より強く守らなければならない。そこには損得はなく、基本的にはお金のやりとりもない。困っている事実や消え入りそうという状況に相応しい優しさが必要になる。そのいのちに消えてもらっては困るというひたむきさと言っても良い。ただ生き延びれば良いのではなく、よく生きる、持ち味を発揮して生きることに大きな意味がある。いのちを消すのではなく守るという出発点、どんな小さないのちも粗末にしない、弱いいのち程守ることが障害福祉実践の基本なのだ。（中澤 2019: 181-182）

ここで書かれていることは、経済成長モデルや新自由主義経済の発想とは真逆のものです。個人と社会がしっかりと相互に協力しあえる関係づくりがウェルビーイングを大切にする社会のカギというわけです。これは、ヌスバウムのいう結合的潜在能力の考えとぴったり重なり合います。障害のある人の場合、障害によって生じる不都合を解消するための器具の開発や支援制度が用意されていなければ、自助と共助だけで基本的潜在能力を内的潜在能力に変えていくことは難しいでしょう。そうであれば、社会的支援を個人の生活現場にまでアウトリーチしていくことや支援制度を作っていくことが必要なのです。そして、そのようなアウトリーチや支援制度を作ったら、誰もが活用できるようになっていなければなりません。障害のある本人、本人を支える周りの人々、そして、公的支援組織が手を取り合い、個人のウェルビーイングを高めるために、柔軟に連携していくことが誰一人取り残さない社会をつくるのです。

自助、共助、公助と聞くと、あたかも、個人が尊重されているように思われるかもしれません。でも、大切なことは、すべての人が生きていくに値する存在として認められる社会をめざすことが最も重要なことであって、その実現のためには、自助⇓共助⇓公助という支援の順番と縦割りの運用をやめて、個人、地域、行政が対話して協働する横に連携できるしくみに変えることで、ウェルビーイングを重視する循環型共生社会をめざしていくことなのです。

循環型共生社会に近づいていくためには、所得向上による生活改善だけでは明らかに不十分です。重視すべきは、個人と社会の両面でウェルビーイングを高めることであり、経済的基盤、社会的関係資本、知識や思考の深化、心身の健康、環境保全などのさまざまな側面で社会のしくみを変革していくことなのです。

ウェルビーイングモデルによる政策の軸足

循環型共生社会を実現するためには、社会発展モデルをウェルビーイングモデルに転換する

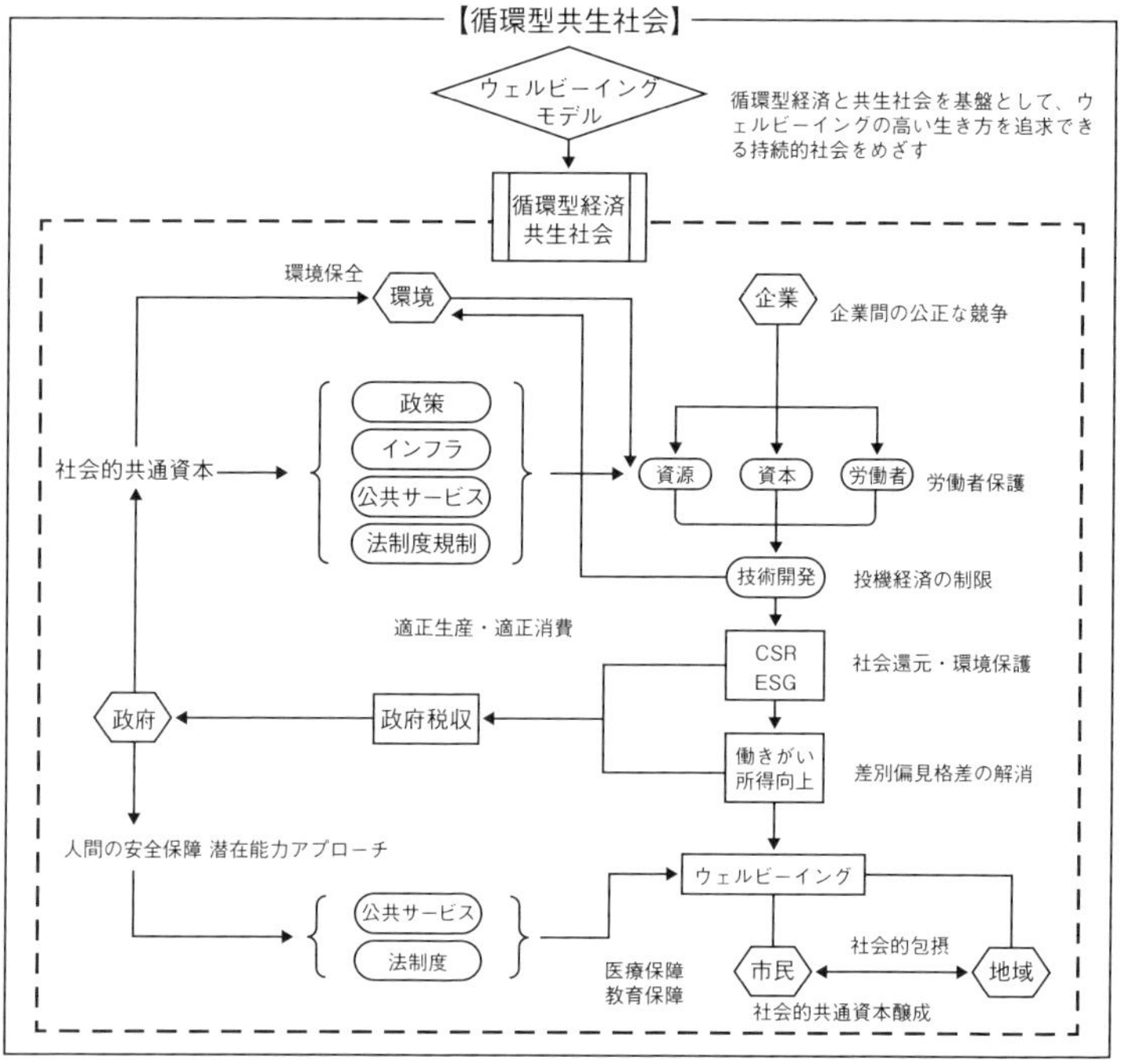

図25　ウェルビーイングモデルのもたらす社会変革

必要があると提言しました。ウェルビーイングモデルに切り替えることができれば、これまでに経済成長モデルが生み出してきた経済、社会、環境面で抜本的な問題解決に本格的に取り組むことになります。

　図25は、ウェルビーイングモデルによって、社会課題がどう解消され、生活がどう変わるかを示しています。まず、環境保全を重視することで、大量廃棄を生む大量生産・大量消費から、資源循環を軸に据え、消費の無駄を出さない

生産水準に切り替えることができます。また、資源の無駄使いにならないように、アップサイクル型のリユース市場も拡大していきます。これに伴って、民間企業支援の仕方も変わります。何よりも利潤を優先する企業を支援するのではなく、資本力は乏しいが循環型経済を積極的に推進し、環境に優しい生産体制、技術の選択、循環型共生社会の実現をめざす企業を支援していくことになります。

労働に関しても、正規・非正規の違いで待遇が大きく差別されないように法制度を改正し、誰もが働きやすい労働環境づくりが優先されるようになります。個性的な生き方を送る権利、質の高い教育機会、そして、健康に生活できる基礎医療を保障することで、誰一人取り残さない持続的な社会をめざしていくのです。そして、経済成長モデルによって薄れてきた地域協働の力を共生社会の中で醸成し、持続的にウェルビーイングを大切にする循環型共生社会にシフトしていくことが可能になります。

循環型共生社会に転換していくためには、従来の経済成長モデルを実際にどのように変えていくかの見通しをつけておかなくては前に進みません。経済成長モデルとウェルビーイングモデルの比較から見えてくるのは、両者の間には、生活の質を左右するポイントの捉え方が大きく違っているということです。そこで、循環型共生社会に転換するためには、私たちの生活の何をどう変えていかなくてはならないのか、労働、教育、医療、環境、経済、社会に関する政策から考えてみることにします。

いのちを尊重する労働政策

日本では、長年、働き過ぎが深刻な問題とされてきました。残業しても残業時間をつけない「サービス残業」、過労からくる突然死、気分障害や自殺はなくなりません。マスコミが長時間労働によって起きた事件を大きく取り上げると、その時は一時的に社会問題になることもありますが、結局、似たような問題が繰り返されています。問題解決の糸口をつかむためには、〝なぜ長時間労働になってしまうのか〟を根本から問い直す必要があります。

役所の業務や会社の業態によって、繁忙期には仕事が集中することもあるでしょう。しかし、それだけで、国全体で長い労働時間になってしまうわけではありません。会社の場合、グローバルな企業間の激烈な経済競争を勝ち抜くため、生産費を節約し、売り上げ増をめざします。正規社員を増やさず、社会保険料などの福利厚生費をカバーしなくて済む非正規契約の社員を増やそうとします。企業に限らず、公務員も、これ以上の政府の借金を増やさないために、新規の正規職員雇用よりも、非正規契約職員で穴埋めしようとするのです。

政府は、労働時間削減を目的として、「働き方改革」に乗り出しましたが、効果はどうだったのかといえば、期待されたほどではありませんでした。「ノー残業デー」を導入した組織の場合、オフィスで遅くまで残って仕事をする人を減らすことはできたのかもしれません。しかし、仕事の絶対量の見直しに手をつけていないため、結果的に、オフィス以外の場所で就業時間内に処理できなかった仕事を持ちこみ、仕事を続けてしまう人もいます。統計上はオフィスの就業時間だけが集計されるため、労働時間数が減り、労働時間が短縮したように見えるのですが、実際にはサービス残業が増えていたのです。これでは働き方改革で目論んだ人間らしい働き方の実現とはいえません。働き方改革という名づけも言い得て妙だと思いますが、サービス残業が増えることで個人に仕事の処理を押しつけ（まさに自助努力！）、実質的に残業代を節約できるのであれば、会社は利益を上げることができ、好都合なのではないのか、と少々うがった見方をしてしまいます。

この働き方改革ですが、ウェルビーイングモデルに基づいて考えてみると、その政策目標と中身ががらりと変わります。ウェルビーイングモデルの基盤である潜在能力アプローチは、生命、環境、余暇を重視します。そこから導き出されるのは、人間らしい生き方への「暮らし方改革」の実現です。どれくらいの時間をどのような形で仕事に注ぎ込むのかを決めるには、家庭、友人、地域と関わる時間や健康を保つために必要な休息の時間などを考え、人として健康に生きられる暮らしのための働き方や適切な労働時間を決めていくのです。

これまでの暮らし方を振り返り、バランスのよい暮らしができているかどうか、もしも、バランスを欠いている場合には、それを修正していくための暮らし方改革につながる政策を採用します。労働時間を減らす政策は、仕事場での勤務時間を減らすだけではなく、家族との時間や余暇の時間の確保とセットで総合的に評価して、その中身を作っていくわけです。また、働きたくても働く機会に恵まれない人には、仕事先を見つけるための技能向上や仕事先の紹介を組み合わせて支援します。暮らし方改革には、栄養摂取や運動増進など、人が健康に暮らすための支援策も含まれます。このように、ウェルビーイングモデルは**生活全般の質を高めていく**ために、経済、こころ、からだのバランスの取れた暮らしができるような暮らし方を実現する政策に変えていくのです。

主体性と共感力を磨く教育政策

日本経済は1960年代に高度経済成長を遂げてから、自動車産業、家電産業を中心にして輸出を拡大し、1980年代には、プラザ合意による円高政策の難局をも乗り越えて世界市場に進出していきました。この結果、躍進する日本経済に対して世界が注目するようになりました。とくに、日本型経営には大きな関心が集まり、新入社員から定年退職まで1つの会社で過ごす終身雇用制度は世界的に賞賛されました。終身雇用であれば、新卒時の就職先の決定は、生涯の雇用先を選ぶことになるので、大げさではなく人生の中で一番重要とされてきたのです。必然的に、仕事の内容、収入、福利厚生などの面で条件のよい大企業への就職をめざし、新卒者の内定獲得競争は激化しました。希望する企業に就職するためには、就職活動の前段階、つまり、どの大学を卒業すればよいのかを考えるようになりました。それが、大学進学のために、高校や中学への受験競争に波及しました。いつのまにか、学校教育の目的は、いい会社に入ることにされてしまい、卒業した大学名や就職した役所や企業名が社会生活の中で幅を利かせる学歴社会になってしまったわけです。

これが、経済成長モデルが求める人材育成と深く関係していることは否めません。標準化された仕事に効率よく取り組む技能を身につけるための教育内容が重視され、組織のよき一員として働ける従順な人（イエスマン）づくりが好まれてきたのです。その結果、画一的教育[*1]が長年にわたり展開されてきたわけです。これに対して、ウェルビーイングモデルでは、教育へのまなざしと方法は一変します。教育はよい就職のためにということではなくなり、これまでの教育政策に大きな見直しを迫ることになります。

4章で見たように、潜在能力アプローチは、感覚、想像力、思考力、共感力、実践理性を重視します。したがって、主体的に物事に取り組む力や他者に共感できる力を磨いていくことを重視します。自分でどう生きるかを考え抜く力、自分の考えで生活を組み立てる力、他者とともに対話し、協働する力を涵養していくことが教育の目的になるのです。そうなると、たとえば、学校教育は、大学入試や就職試験を突破するためのノウハウを身につけることを最優先するものではなくなり、主体性、共感力、想像力、思考力を磨くための教育に軸足を置くことになります。教育はとても大事な社会的共通資本であり、ウェルビーイングを大切にする生き方をする人間形成のためにあるものです。循環型共生社会では、経済効率をあげる人材育成のための競争教育を脱し、自立的に思考し、さまざまな人と対話や意見交換しながら考えをまとめていく力、さらに、物事を判断できる洞察力を身につける教育に変わっていくのです。

ここで具体的に何がどう変わるのかを考えてみましょう。これまでの「記憶暗記型の詰め込み学習」は重要ではなくなります。人が生きていく過程では、想定外の状況や問題に直面するのは日常茶飯事です。そういう状況に直面しても、物事を原因と結果から構造的に考えたり、立場の違いから物事を多面的に理解しようとする力が身についているかどうかで、その人の生き方も違ってきます。また、そういう人が育っていけば、多様性を尊重する社会に近づいていくのです。そのためには、試験の点数で教育効果を測る偏差値重視の教育ではなく、さまざまな社会の場面を想像したり、社会の現場に身を置きながら、ともに学び、ともに体験する共創・共修学習に変えていくことです。共創・共修学習を積み重ねていけば、創造性や他者を理解し、受け入れる心が育くまれるようになるからです。共創・共修学習の展開は、学校だけに限られるものではありません。家庭単位でも、コミュニティ単位でも、あるいは、オンライン・遠隔教育でも可能なのです。

健康長寿を重視する予防医療政策

循環型共生社会は、誰もが健康で幸せに生きられる社会のことですが、ウェルビーイングに直結するこころとからだの健康はとりわけ重要です。潜在能力アプローチは、生命や身体的健康を重視し、医療はウェルビーイングモデルの土台である社会的共通資本の重要な柱です。これまでも、健康は重要とされ、その成果を確かめる指標として「平均寿命」が重用されてきました。長寿社会をめざすことにはまったく異論はありません。しかし、長生きしたとしても、体が不自由であったり、こころが辛い状態であったり、あるいは、寝たきり生活が長いようでは、平均寿命の長さだけを素直に喜ぶことはできません。ウェルビーイングを高めるためには、生活の質を重視した健康寿命の向上にこそ力を入れることです。つまり、平均寿命と健康寿命の差がなくなることをめざし、長寿を質量両面で保障するような健康で幸せに暮らせる社会を実現していきます。

これまでの医療の基本的な考え方は、病気やけがをした時に、病院やクリニックに行き、医療を受けられるという「治療重視型」です。そのおかげで、確かに、地域のクリニックから高度先端医療を提供する病院が全国に配置され、治療を受ける体制は整備されました。緊急の場合には、救急車を呼ぶことができますし、救急治療体制も作られています。また、日本では、国民皆保険制度があるため、国民はその恩恵にあずかれます。国民の生命を守るという意味では、世界有数の医療体制にあるといってもよいでしょう。

ＷＨＯが定義しているように、ウェルビーイングとは身体的健康、精神的健康、社会的健康のすべてがよい状態にあることを意味します。これから先、誰もがウェルビーイングを高め、維持していくための医療が必要です。そのカギは、治療重視型から病気やけがをする前の段階で、健康を妨げるリスクを下げていく「予防重視型」の医療に転換することです。

最近では、日頃から運動や栄養に気をつけて、健康管理する人が増えており、その結果、健康寿命（２０１９年：男性平均72・68歳、女性平均75・38歳[*2]）が延びています。このような健康維持の取り組みは、病気やけがの予防になります。しかし、これらは医療行為とみなされず、先の国民健康保険制度の対象になりません。なぜなら、日本の医療保険は、治療重視型の考え方に立って設計されてきたからです。健康診断や人間ドックは保険対象外で、診断結果から何か問題を見つけると健康保険適用による医療行為が開始可能というしくみなのです。このしくみの一番の落とし穴は、病気に気づいた時には、病気がかなり進んでいる可能性が高いという点です。調子が悪くても、忙しくて医者に行けない、お金がかかるので医者にかかれないという人は、早い段階で適切な処置を受けられないかもしれないのです。治療を始める時の病気の進行具合によって、どこまで回復できるかも変わってくるでしょうし、病状によって治療方法の選択とその難易度も変わるでしょう。また、投薬量も増えるでしょうし、回復しても後遺症が残ってしまい補助器具や装置が必要となったり、場合によっては、寝たきり状態になってしまうこともあるはずです。こうなると、当然ながら、個人の医療費負担も大きくなり、社会全体の医療費の増大をもたらし、ますます社会保険料が国家財政を逼迫（ひっぱく）させてしまいます。

ウェルビーイングモデルでは、健康寿命と平均寿命の両方に目を向けます。健康寿命を重視することで、病気にならない、けがをしないような予防医療に医療の重心を移していくのです。そのためには、予防医療の拠点として保健所の配置と整備、国民健康保険制度の対象を予防重視型に変えていきます。

たとえば、保健所の健康維持指導行為を医療行為とみなし、健康保険適用にしたり、定期健康診断をすべて無償化し、病気やけがの早期発見を最優先するのです。感染症対策の予防接種をすべて保険適用していくことで、国民の健康維持管理を強力に後押しすることができます。また、健康を維持している人には、年間の医療保険料の還元制度を設け、被保険者と健康管理を指導した医療機関の双方に保険から還元していくようにすれば、予防重視型の健康維持活動推進のためのインセンティブになるでしょう。これまで通りの治療重視型の医療体制でよいのかどうかを根本から問い直すことなく、増加し続ける医療費を目の敵にして、保険適用の見直しやジェネリック医薬品推奨というコストカットに躍起になるのではなく、誰もが健康を長く維持できる社会に転換するための医療政策に変えていくことがウェルビーイングな社会をつくるのです。

自然と共生する経済政策

世界規模で、災害が頻発しているのを見聞きするたびに、確実に気候変動が起きていることを実感しますし、環境破壊を食い止めなくては2030アジェンダ実現はおぼつきません。循環型共生社会では、自然環境と共生する経済システムへの転換が不可欠です。

ウェルビーイング重視の社会は、「環境保全なくして豊かな社会にはなれない」と考え、自然環境を重要な社会的共通資本と考えます。潜在能力アプローチも自然との共生を重要な要素の1つに位置づけています。自然との調和はウェルビーイングな社会づくりには欠かせないものです。

そこで、自然と共生する経済システムを実現するには、どうすべきかを考えてみましょう。当たり前のことですが、自然環境を守っていくには、経済成長を追求し続けるのではなく、生態系と調和する循環型経済システムに切り替えなければなりません。循環型経済の要は、経済活動によって生態系バランスを崩さないことにあり、そのためには、自然資源を枯渇させない適正な生産消費レベルの管理、ごみや廃棄物、公害を出さない生産方法の追求、廃棄しない消費スタイルへの転換が求められます。

経済成長モデルが奨励してきた大量生産、大量消費、大量廃棄を止めることは絶対であり、生産から消費まで一貫した経済活動の見直しが必要です。循環型経済への第一歩は、ごみを最小限にする生産方法の採用やごみを簡単に出さないようなモノの再利用や再々利用に切りかえていくことです。

例を出しましょう。循環型経済にシフトするためには、闇雲に新製品を使わずに、今あるものを徹底的に利用することであり、アップサイクルにつながるリユースやリサイクル活動がより重要になります。また、一人ひとりが普段からごみを出さない暮らしを実践する消費者になることです。どうして生活ごみが減らないのかを誰もが考えるようになれば、生活の中から小さな変革が始まります。消費者の意識が変わり、ウェルビーイングにつながらない消費をしないようになれば、環境を踏み台にしない循環型経済への転換が始まっていくのです。

循環型経済に根ざす政策は、経済活動の牽引役を環境に優しいグリーンエコノミー産業にシフトさせていくことと、消費の仕方と暮らし方を結びつける消費スタイルであるシェアリングエコノミーに切りかえていくことを同時に推進します。

シェアリングエコノミーは、循環型経済と共生社会を後押しするものです。たとえば、地域通貨を導入すれば、地域の顔の見える範囲での経済活動を軸にした生活基盤を整えていくこともできるでしょう。共同購入、共同居住、乗り合いタクシーなどを使えば、無駄を少なくできます。すでに広がっていますが、オンラインツールを使えば、見知らぬ者同士がシェアリング仲間になり、無駄な消費をなくしていく工夫をするようになるでしょう。従来の経済成長モデルでは、できるだけ多くの人気商品を開発し、激烈な経済競争を勝ち抜いて、市場で商品占有率を高くしていくことが良しとされました。新型を発表し、宣伝広告費を使って、できるだけ多くの消費者が頻繁に買い換えてくれるように働きかけるモデルです。しかし、ウェルビーイングモデルは、１つのモノが形を変えて、何度でも長く使い続けられることを良しとする、もったいない精神を下地にしながら、何度でも、何年でも使えるように新しい工夫をしていく循環型経済に進化させていくことなのです。

誰もが対話できる共生社会

循環型共生社会は、2030アジェンダのめざす「誰一人取り残さない持続的な社会」を実現する社会のことと書いてきました。社会的共通資本は、一人ひとりの人間的尊厳を守り、市民の自立を支え、基本的権利を最大限に尊重するための社会基盤のことを指し、そのような社会基盤を持つ社会であれば、包摂と連帯のある多様性を認め合うウェルビーイングな社会づくりをめざすことができます。それは、誰もがその存在を認められ、社会の一員として公正に扱われ、多様な生き方を選択でき、健康で幸せな暮らしを営むために、お互いを支え合う社会のことです。

残念ながら、今の日本社会では、学校、職場、地域など、さまざまな生活の場で、いじめ、差別、偏見が横行しています。また、滞在ビザを取得し、日本で働き、納税しても、外国籍の人には住民の自治に直結する選挙権は与えられていません。子どもの教育に目を向けると、日本語ができない児童や生徒への支援は学校間での支援体制のばらつきが大きく、通学する学校次第で、将来の生き方の選択肢とその可能性が変わってしまう、これが現実です。

多様性を認め合う社会への転換は、2030アジェンダの達成には欠かせない重要な要素ですが、当然ながら、今のままでは実現できません。多様性を尊重する公正な社会に変えていくためには、社会参画を保障する法制度の整備と市民の意識と行動を変えていくこと、つまり、社会と個人双方の変革が必要です。

法制度面では、いじめや差別を根絶するための啓発と罰則を導入し、遵守を徹底することです。また、点字、手話、多言語で公共サービスにアクセスできることを義務化することも必要です。そして、何よりも、私たちが日常生活の中で、公正と多様性を大切にして、意識と行動を変えていけるかが試されます。〝なぜ多様性に富む社会が望ましいことなのか〟を突き詰めて考え、共通認識を持てるようになれるかどうかがカギを握るのです。また、いじめや差別が起きている学校、職場、地域で、〝公正な社会とは何か〟を共有し、そのような社会に変えていくために具体的に何をどのように変えていくのかを見つけだしていかなくては問題解決にはなりません。そのためには、当事者間の対話を進めることが重要です。対話の重要性について、中島義道は次のように指摘しています。

〈対話〉とは他者との対立から生まれるのであるから、対立を消去ないし回避するのではなく「大切にする」こと、ここにスベテの鍵がある。

だが、他者との対立を大切にするようにと教えても、他者の存在が希薄な社会においては何をしていいかわからない。そうなのだ、本当の鍵は他者の重みをしっかりとらえることなのだ。他者は自分の拡大形態ではないこと、それは自分と異質な存在者であること。よって、他者を理解すること、他者によって理解されることは、本来絶望的に困難であることをしっかり認識すべきなのである。（中島 1997: 190）

また、中島は、なぜ日本社会が共生社会になれないのかの理由を鋭く指摘しています。「他者には、優しく接しましょう」という言葉は聞かれるけれど、その内実は、客人への「おもてなし」の行為であって、同じ社会の当事者として対等な他者として認めることはしないで、内と外をくっきりと線引きすることが社会通念となってしまっているからだといいます。

循環型共生社会がめざす多様性を認め合う公正な社会は、表面的なおもてなしや当たり障りのないリップサービスで認め合いを演出する建前の社会ではありません。お互いの存在を認め、対話することによって、お互いの考え方や生き方――どんなにかけ離れていても――を受け止めていく本音に目を向ける社会に転換していくことが重要なのです。学校の友達とのつきあい、職場の同僚とのつきあい、隣人とのつきあい、さまざまな場面で、誰にも違いがあるということを否定するのではなく、その違いを受け入れることが共生社会の本質です。なぜなら、多様性を認め合える社会では、人数でマイノリティ（少数派）とマジョリティ（多数派）に区別することはありますが、その区別を両者の間の権力関係や支配・被支配構造に結びつけることはしないからです。共生社会への変革は、今の日本社会にはハードルの高い課題です。しかし、うわべだけではない多様性を認め合う[*3]社会を実現することができれば、健康で幸せに生活し、度量の大きいウェルビーイングの高い社会への変革が現実のものとなっていくと考えます。

未来社会のビジョンを循環型共生社会に置き、その実現のために実行すべき政策を変えることで社会変革が進むならば、誰一人取り残さない持続的社会の実現は決して夢物語ではなくなるはずです。しかし、循環型共生社会を実現するには、政府主導で既存の政策や指標を変えていくことだけではうまくいきません。なぜなら、社会を作り上げているのは、私たち市民であり、生活の場であるそれぞれの地域から社会を変えていくことができるかどうかが問われているからです。言い換えれば、私たちが生活する地域社会のあり方を見つめ直し、地域を変えていく実践に結びつけていくことです。とくに、地域社会の当事者同士が対話と協働によって地域の未来を共創できるかどうかがポイントになります。そこで、次に、地域社会を変革していくための地域協働がなぜ必要なのかについて考え、ウェルビーイングを大切にする地域社会につながる実践に目を向け、私たちに何ができるのかを考えていくことにします。

注

1　Rose（2016）は、知識偏重型の画一的教育が生み出す平均思考型人間の社会的影響について鋭く指摘し、一人ひとりの可能性を見いだし育てていく多様性重視の教育への転換について説いている。

2　http://toukei.umin.jp/kenkoujyumyou/houkoku/R3-tab.xlsx（２０２２年1月17日閲覧）

3　Syed（2019）は、経済成長モデルが是としてきた画一的集団の抱える経済的、社会的損失に着目し、異なる価値観を持つ人が参画してつくり出す多様性の高い組織の価値と社会変革について論じている。

7章　ウェルビーイングを大切にする地域づくりのカギ

政府が循環型共生社会の実現をめざし、経済成長モデルからウェルビーイングモデルに社会発展モデルを変えたとしましょう。これによって、着実に循環型共生社会へと社会変革（SX：Societal Transformation）は進んでいくでしょうか。それは、地域社会がウェルビーイングを大切にするまちに変わっていくことができるかどうかにかかっています。一人ひとりがウェルビーイングの高い生活や生き方ができるようになるためには、日々の暮らしを営む地域社会が変わる必要があるからです。地域を変えるカギは、地域社会の生活当事者、つまり、私たち市民の手の中にあります。本書が提案する循環型共生社会を標榜する地域はまだありませんが、その本質である「循環型経済」や「共生社会」を軸にして、ウェルビーイングを大切にするまちづくりにチャレンジしている地域が国内外で増えています。その中から、国内の2つの地域を取り上げ、地域レベルでウェルビーイングを大切にする社会に変革していくためのヒントを探ってみることにします。

地域社会を動かす市民の主体性

地域社会の変革には、私たち自身がどのような生活や生き方を望むのか、そのために、どう行動するのかが問われます。循環型共生社会をめざすのであれば、環境破壊を食い止め、環境保全が進むのかどうか、国籍、民族、性、年齢などで偏見や差別されない多様性と人権が保障される社会になるのかどうか、また、あらゆる形態の貧困がゼロとなり、分かち合いの経済が広がっていくのかどうか、これらすべてに向き合う必要があります。地域社会の変革が始まるかどうかは、私たちが未来社会のあるべき姿を思い描き、社会を変えていく地域をつくる当事者（ステークホルダー）として主体的に行動できるかどうかにかかってきます。私たちが自らの生活を見直し、率先して生活を変えていけるかどうかが問われるのです。社会変革を専門家や行政に任せきりにせず、私たちが自ら変えるべき点はどこなのかを見つけ出し、どう変えていくかを考え、当事者として動くことが求められるのです。その際に忘れてはいけないことは、地域固有の歴史、文化、社会、経済、環境を大切にして、その地域の持つ大事な価値や魅力を活かしてウェルビーイングを大切にするまちをつくっていくことです。地域のさまざまなステークホルダーが協働していけば地域の変革が始まります。

みなさんの中には、選挙によって政権交代すれば、社会は変わると考えている人がいるかもしれません。しかし、そう簡単な話ではありません。2030アジェンダとSDGsを達成していくために、どのような社会をつくりあげるべきかを具体化し、その社会づくりに着手し、健康で幸せに生きられる、そして、未来世代につけを残さない持続的な社会を選択するかどうかが重要なのです。繰り返しになりますが、持続的な社会への変革のカギは、私たち一人ひとりがどのような社会を望み、そのために、自分には何ができるのかを考えて、行動していくことにあるということです。私たちが意識を変えて、行動に移していけるのか、市民が動くかどうかが試されている、大げさではなく、私たちはその分岐点に立っています。[*1]

「市民が動く」と書きましたが、それは具体的にどういうことを指すのでしょうか。身近な問題であるごみ問題を例にして考えてみたいと思います。

先に、経済成長モデルは、ごみが出るよりも、生産と消費の拡大を優先するしくみだと書きました。もちろん、やみくもにごみを増やそうとはしていないはずですが、生産拡大に歯止めがかからなくなれば、結果的に、ポイ捨てごみが増えたり、3R（リデュース、リユース、リサイクル）できないごみ問題がクローズアップされる事態になってしまいます。その代表格は、プラごみによる海洋汚染問題です。2019年6月に大阪でG20が開催されたのは記憶に新しいかと思いますが、その場で、日本政府は、海洋プラスチックごみによる新たな汚染を2050年までにゼロにすることをめざす「大阪ブルー・オーシャン・ビジョン」を提唱し、率先してこの問題に取り組むことを表明しました。大きな方向転換の方針を打ち出すことは、社会変革を後押ししますから、大歓迎です。

このような方針転換があると、地方自治体レベルで増加するごみへの対処を具体化させていくことにもつながります。しかし、中央政府や地方行政の取り組みだけで、ごみ問題は解決しません。なぜなら、ごみの主な出し手は、住民や事業所だからです。ところが、ごみ問題になると、〝ごみ回収は市町村役場の仕事だから、行政がしっかりと対応すべき問題だ〟と考えている人もかなりいるのが現実です。でも、この考えは的外れなものです。政府のごみに対する方針もしっかりしていて、地方自治体のごみ回収・処理のしくみも整えられていたとしても、日々のごみ出しは、市民や事業所の日々の意識、行動によって、増えたり減ったりするものだからです。ごみ問題をなくすためには、まず、ごみを作らないための工夫を、一人ひとり、各事業所ごとに考えて、実行していくことから始まるのです。

ごみ問題について、もう1つ別の角度から考えてみます。たとえば、行政がまちの中にたくさんのごみ箱を設置したとしましょう。ごみ箱にごみを入れる人が増えるようになるかもしれません。しかし、ポイ捨てする人はなくならないかもしれません。なぜなら、ごみを減らすことの大切さが十分に意識化されていないと、人の習慣化した行動はなかなか変わらないものだからです。では、どうするかという話になりますが、行政が行動を強制するためのルールや罰則を作るか、それとも、自発的にごみを出さない、作らないための行動を広げるために何か工夫するかに分かれるでしょう。使い古してきたモノをごみにしてしまってよいのか、それとも、ほかに使い道はないのかを考えて、できるだけ、ごみ箱に入れないようにしていけるかが問われます。モノを廃棄する前に、立ち止まって、別の形での使い道はないのだろうかとアップサイクルの可能性を考えて、廃棄を減らすために行動するようになれば、ごみの量は減っていくはずです。

地域協働で地域の未来のビジョンを描く

本書は、地域の社会変革には、地域住民が社会のあり方を思い描き、未来ビジョンを構想することが大きな力になると考えます。そして、未来ビジョンの実現には、地域に関わるさまざまな当事者の主体的な地域協働が欠かせません。

社会変革の方向性は、２０３０アジェンダが「誰一人取り残さない持続的な社会への変革」を打ち出していますが、地域の特性を踏まえて、理想とする社会について、一人ひとりが具体的に考えてみることが大切になります。みなさんも、次のように考えてみてはいかがでしょうか。

誰一人取り残さない持続的な社会とは、すべての○○にとって、基本的な生活基盤を持って人間らしい生活を営むことができ、居場所や役割を見つけることのできる、多様な生き方を追求できる社会のこと。

この○○の部分に、子ども、若者、大人、高齢者、障害のある人、外国人、LGBTQなどの言葉を当てはめてみれば、すべての人が取り残されない持続的な社会をよりはっきりとイメージできるはずです。

誰にとっても住みやすいウェルビーイングを大切にする地域を築いていくためには、住民をはじめとする地域のステークホルダーがどうあるかがカギを握っています。なぜなら、地域社会を善くも悪くも変えていけるのは、その地域で生活する当事者でしかないからです。たとえば、素晴らしいアイデアと実績を持つコンサルタントから、あなたのまちの未来に関するどんなに魅力的な提案をもらったとしても、この提案によって、まちがよくなるかどうかは、まちの当事者がその提案を自分事化して、実践していくかにかかってくるわけです。まず、本当にその提案がよいものかどうかを吟味、判断する必要があります。価値ある提案であった場合、それを未来のまちづくりに活かしていくために、住民、行政、企業、教育・医療・福祉サービス機関などのまちの当事者が協働してまちづくりに踏み出していくことです。これが地域協働です。後に詳しく見ていきますが、水俣市再生の原動力となったのは、「もやい直し」という当事者協働の哲学とその実践にありました。立場の違いを超えて、誰にも共通して大切な場所である地域（コモンズ）をしっかりと守り、発展させていくという発想です。

地域協働を醸成する6つのポイント

地域のステークホルダーが主体的に地域協働していくことを内発的地域協働といいます。そこで、地域の中で内発的地域協働を醸成するために、何が不可欠かを考えてみることにします。途上国の開発を支援する国際協力の知見から学ぶことができます。途上国支援は、1960年代から1980年代まで、国際機関や先進国政府の専門家主導のトップダウン型で行われていました。しかし、途上国の貧困問題は解消されないどころか、むしろ、深刻化していきました。そこで、1990年代になって、貧困状態にある住民自らが積極的に生活改善に取り組む生計向上支援策の導入が始まりました。このボトムアップ型の考えを導入したのは、イギリスの国際開発省で、同省は、持続的に生活改善を図るためには地域協働が不可欠とし、地域協働を醸成するために、次の6つのポイントに集約し、実行に移したのです。

当事者主体の地域協働を醸成するための6つのポイント

1. 当事者目線で問題に向き合う
2. 当事者自身が問題解決に動く
3. 当該地域と地域外との関係を意識する
4. 行政と市民の協働
5. 制度、社会、経済、環境の持続性
6. 柔軟で長期的な視点を持つ

出典：Ashley, C. and Carney, D.（1999）*Sustainable Livelihoods: Lessons from early experience.* London: Department for International Development, p. 7.

これら6つのポイントからいえるのは、当事者目線と当事者行動が重要であること、地域間の連携が大切であること、地域の当事者同士の協働が必要であること、中長期の視点を持って地域協働に取り組むことです。地域社会を変えていくためには、長期的視点に立ち、当事者目線、当事者協働、地域間連携という形で地域協働を推し進めていくことが重要なのです。

経済成長モデルではなく、ウェルビーイングモデルによって循環型共生社会へと転換していくために私たちはどうすべきか、確かにこれは難題です。しかし、現代社会の抱える矛盾や課題の解決に向き合い、持続的な発展をめざす先駆的な地域の取り組みから多くを学ぶことができます。心強いのは、世界には、注目に値する社会変革にチャレンジしている地域レベルの取り組みが増えていることです。古くは、環境都市ブラジルのクリチバ市、持続するまちをめざすアメリカのシアトル市、住民自治のまちカナダのビクトリア市、SDGs先進都市ドイツのフライブルク市、森林資源の持続的活用で低炭素社会づくりに取り組む北海道の下川町、ごみゼロの持続的なまちをめざす徳島県の上勝町などがよく知られています。ここでは、ウェルビーイングを大切にする地域づくりに取り組む2つの地域事例を取り上げ、地域協働によって内発的に地域を変革していくポイントを探ってみます。

2つの事例は、どちらもよりよい持続可能な地域の実現をめざし、地域づくりにチャレンジしている取り組みです。1つは、経済成長モデルの恩恵を受けた後、そのモデルによって思いがけない痛手を負い、そこからウェルビーイング重視のまちづくりを展開してきたまちを取り上げます。それが熊本県水俣市です。また、少子高齢化が叫ばれる今日にあって、人口増加が続き、住みやすいまちとしての評判もありながら、このままの方向を良しとせず、2050年に日本一幸せなまちになるというビジョンを掲げ、住民主体のまちへの転換をめざしているまちを取り上げます。それが愛知県長久手市です。２つのまちの取り組みに共通していることは、あるべき未来社会を構想し、その実現のために住民や行政などの地域の当事者間の協働を醸成することによって、地域社会を変えていこうとしている点です。

水俣市の環境モデル都市のまちづくり

経済成長モデルが引き起こした問題に対して、50年以上前から向き合い、時間をかけながら地域のあり方を模索し、まちづくりにチャレンジしているまちがあります。おそらく、世界を見渡してみて、公害という経済成長モデルの強烈なしっぺ返しを受けた後、ウェルビーイング重視のまちに変えていこうとしてきたまちは、熊本県水俣市をおいて他にはないでしょう。それほどまでに、私たちは水俣市の実践からたくさんのことを学ぶことができます。水俣市は水俣病の発生と被害の面から世界中に知られていますが、もやい直しや行政参加という発想に立って、市民と行政の対話と協働を進め、まちの再生に取り組んできたことはあまり知られていません。そこで、水俣市の事例から、経済成長モデルからウェルビーイングモデルへの転換はどのように実現しうるのかを考えてみます。

① 水俣の繁栄と分断

水俣市と聞けば、水俣病によって大きなダメージを負ったまちを連想すると思います。実際、大学の講義で「水俣と聞くと何を連想しますか」と尋ねると、ほぼ全員の学生が「水俣病」と答えます。ほんの一握りですが、「きれいな海」「環境都市」という答えもあります。日本では、小学5年の社会科で公害問題を取り上げ、4大公害病の1つとして水俣病から水俣市のことを学びます。面白いのは、教科書によって水俣について教える内容がかなり違っているということです。4大公害の水俣病についての説明しか載っていない教科書から、水俣で何が起きたのか、先端化学企業の誘致、産業公害の発生、水俣病患者のこと、水俣市の疲弊、そして、環境モデル都市への歩みまで、実に多くのページを割いて解説している教科書もあります。丁寧に説明している教科書で勉強すると、水俣のイメージも違ってくると思います。

水俣の地域再生への取り組みを理解するには、そもそもなぜ水俣病が起きたのかを日本の近代化の観点から捉えることが重要です。そのうえで、水俣病の発生と地域社会へのダメージを住民の視点から考え、水俣の行政や住民が問題に対してどのように向き合い、水俣の地域再生がどのように始まり進んだのか、その過程を見ていくことにします。

水俣病を引き起こしたのは日本窒素肥料株式会社[*2]（以後、チッソ）ですが、水俣工場が建てられたのは1908年、まさに、日本が富国強兵と殖産興業をひた走った時代の象徴といえるものでした。水俣に化学工場を設立した動機は、鹿児島県に建設された曾木ダムの水力発電所の余剰電力活用にあったのですが、その理由はどうであれ、先端化学工場が建設されたことは、農業や漁業に依存していた地方の人々の暮らしを大きく変えることになりました。工場労働者として働き、定収入を手にできるようになり、不安定で低収入であった生活が格段に改善する道が開けたわけです。第二次世界大戦後、チッソの水俣工場は地域経済の基幹企業として大きな役割を果たしました。まさに、水俣こそ、多くの雇用が生まれ、まちの税収が増え、地元経済は繁栄したわけで、経済成長モデルの恩恵にあずかった地域そのものでした。

しかし、1956年5月1日、保健所に奇病患者発生の通報があり、状況は一変しました。政府による迅速な奇病の原因解明と患者救済が進んでいれば、その後の歴史は変わっていたのかもしれませんが、実際にはまったくそうではありませんでした。日本経済の発展を最優先したい政府の思惑から、水俣病の原因究明や水俣病患者拡大阻止は後回しにされました。その後、チッソは、よりにもよって、水俣病の原因と疑われていた有機水銀の混ざった工場廃水を海に流す廃水口を別の場所に移動、被害地域を拡大させてしまいました。水俣病に正面から向き合うのではなく、隠蔽に近い行動を取り続けたのです。初めての患者確認から12年後の1968年になって、水俣病の原因がチッソの廃水に含まれた有機水銀であることがようやく認定されました。なぜこのタイミングであったのかといえば、水俣工場とは違う石油化学製法によって、プラスチック原料の国内生産が開始され、これまでのように水俣工場に頼らなくても、日本の経済成長に支障がないことが確認できたからでした。[*3] また、水俣病の発生は直接的な健康被害だけの問題にとどまりませんでした。地域社会の対立と分断をもたらしたのです。いのちと健康を優先するのか、それとも、経済的豊かさを優先するのかのせめぎあいが生まれたのです。

水俣病は、現在に至るまで、水俣病患者に塗炭の苦しみを与え続けています。また、水俣地域も大きなダメージを受けました。水俣病は、原因解明がなかなか進まなかったことから、地域特有の風土病ではないかという誤った認識が拡がり、風評被害によって住民は苦しめられました。たとえば、水俣出身というだけで、婚約が破棄されたり、小・中学校の修学旅行先で、水俣の学校というだけで、生徒たちがいじめられたといいます。次第に、水俣出身を口にすることをためらうようになっていったといいます。これは、福島の原発事故汚染が引き起こした風評被害や差別、そして、現在の新型コロナ感染症に伴う陽性者への差別と社会内の分断の構造に通じるものがあります。しかし、水俣は受難の歴史だけでは終わらず、水俣病患者、地域住民、行政が対話と協働によって地域再生への歩みを始めていくことになります。

②もやい直しによる水俣再生への歩み

水俣は絶望のままで、苦悶(くもん)し続けていたわけではありませんでした。1990年代から、現在に至るまで、少しずつですが、着実に、地域再生に取り組んでいったのです。

では、どのような経緯で地域再生に着手したのでしょうか。政府は水俣病対策として、廃水で有機水銀に汚染された水俣湾の海底土壌の浚渫（しゅんせつ）を行い、総額485億円をかけ、1978年に開始、1990年に完了しました。この浚渫作業が完了したことで、熊本県や水俣市の行政に水俣市を何とかしないといけないという意識が芽生え、「環境創造みなまた推進事業」[*4]というプロジェクトが始まりました。奇しくも、同じ頃、行政の動きとは別に、水俣市民の中から、まちの将来を考えてみようという市民グループが動き出していました。「寄ろ会みなまた」というグループです。

行政の動きと市民の動きという2つの別々の動きでしたが、両者が注目していたのは、水俣市の将来をどうするかにありました。その後、この2つの動きが接点を持つことになり、1992年に日本で最初の「環境モデル都市づくり宣言」を水俣市長名で出し、水俣の将来構想の方向性を明確にしたのです。実際、同宣言から15年後の2008年に、水俣市は、内閣府から「環境モデル都市」に選定されたのですが、公害によって住民と環境に深い傷跡を負ったまちから環境モデル都市へと変わることができた一番の原動力は何かといえば、「水俣市で暮らす立場の違う人同士がゆるやかにつながり、水俣の未来をどうするかにこころを砕き、実際に行動に移していった内発的地域協働の醸成と実践にある」[*5]と考えます。

水俣の地域協働をリードしたのは、1994年から8年間にわたり、水俣市長を務められた吉井正澄さんです。吉井さんは1931年に水俣市久木野地区に生まれ、育ちました。生業の林業を継がれ、水俣市議会議員に選出後、議員として19年間活動され、水俣市議会議長を歴任されるなど、水俣市の政治に関わった方です。そして、1994年に初めての水俣出身の市長に選ばれました。[*6]

吉井さんは、市長就任後、1994年5月1日の水俣病犠牲者慰霊式典[*7]に力を注ぎました。吉井さんは、慰霊式典を水俣再生に向けてのスタートにすべく、水俣病に苦しむ当事者が参加する真に意味のある場とするために、精力的に動かれ、すべての水俣病患者グループ、環境庁（現環境省）、熊本県庁の式典への参加を実現させ、その場で水俣病と水俣市の再生につながる市長式辞を述べました。式辞のポイントは2つありました。1つ目のポイントは水俣市役所から水俣病患者への謝罪でした。2つ目は水俣の再生を環境と共存する経済への転換に置き、当事者による対話と協働によって実現していこうとする「もやい直し」の提唱でした。

そもそも、市長になったばかりの吉井さんはなぜ「謝罪」したのでしょうか。それは、水俣市役所、水俣市民が水俣病患者に対して、無関心であったことへの謝罪です。長年の無関心が水俣病に苦しむ方の心の内面を深く傷つけてきたことに対して、水俣市と市民を代表して謝罪したのです。行政の長が謝罪する例はきわめて稀であり、しかも就任後間もなく、国や県の行政責任者の参列を実現させ、その場で、正面きって謝罪したということに驚かされますが、このことによって、水俣の地域再生が本格的に動き始めました。吉井さんの謝罪を式辞からみてみます。

水俣病で犠牲になられた方々に対し、十分な対策を取り得なかったことを、誠に申し訳なく思います。（中略）あなた方の犠牲が無駄にならないよう、水俣病の悲劇の反省と教訓を基に環境、健康、福祉を大切にするまちづくりをさらに進めていくことでお赦しをお願いいたしたいと存じます（1994（平成6）年度水俣病犠牲者慰霊式市長式辞[*8]）

さらに、吉井さんは、「内面社会の再構築」が最も重要であり、それを進めるために、水俣市に住む立場の違うもの同士が、水俣の再生に向け協働していくことを提唱しました。それがもやい直しです。もやい直しのためには、住民同士の心と心のつながりを取り戻していくことが不可欠であること、そうすることによって、水俣の再生が始まることを見抜かれていたのだと思います。式辞では次のように述べられました。

水俣病を体験した私どもは、環境がいかに大切であるか、健康を守るのがいかに困難なものか、努力を必要とするかを知りました。このことから、人類自らが犯そうとしている地球環境破壊などの愚かな行為を防止するために、他に先駆けて「環境と健康はすべてに優先する」という基本理念から環境創造のための新たな実践を試みる責務があります。（中略）そして、人間は自然の中の一員で、自然によって生かされているという考えに立ち、生と死の間を循環する動植物すべての命を尊敬し天地自然と調和していく共生の思想を真摯に受け止め、これからの時を心新たに刻んでいくことをお誓いいたします。二度と水俣の悲劇を繰り返さないよう広く内外に訴え続けてまいります。（1994（平成6）年度水俣病犠牲者慰霊式市長式辞）

ポイントは、住民主体でまちを再生するという将来の水俣のまちづくりの方向性を明確に打ち出したことにあります。「もやい直し宣言」がまさにそれです。「もやい直し」とは、市民との対話を軸にした行政に変わりますという宣言といえるでしょう。若きジョン・F・ケネディがアメリカ大統領に就任した時、アメリカ市民の主体的な社会づくりへの参画を呼びかけるための言葉――「国に期待するばかりではなく自分が何を貢献できるのか」――を彷彿（ほうふつ）とさせます。「もやい直し」は市民同士の心と心をつなぎ直すことで、ズタズタになった人間関係、社会関係を再生し、水俣病患者、行政、市民が手を携えて、再生に取り組んでいこうという呼びかけであり、決意表明でした。

吉井さんは、なぜ、水俣病患者の支援にとどまらず、水俣そのものの再生にこだわったのでしょうか。この点について、吉井さんから直接伺ったことがあります。吉井さんは、1992年にブラジルで開催されたリオデジャネイロの国連環境サミットに参加しました。ブラジルで開催された環境フォーラムで、水俣病の事例を紹介したそうです。その時、ブラジルのジャーナリストから、水俣病の話は確かに悲しい出来事ではあるけれど、日本企業がアマゾン地域で森林伐採などを進めている点をどう考えるかを問われたそうです。また、吉井さんは、ブラジルの環境都市クリチバ市を訪問する機会があり、環境都市づくりに行政と市民が参画していることに大きな刺激を受けたといいます。吉井さんは、ブラジルの地で、単純に水俣病の悲劇ばかりを話しているだけでは、世界は納得してくれない。実際に水俣を再生し、その姿を発信できなければ、水俣病と水俣を世界に伝える意味はないのだと考え、水俣再生への強い決意を持って帰国されたそうです。この思いが吉井さんの心の中に刻まれ、市長となり、水俣病患者の政治的解決案の実現や再生へのまちづくりに取り組まれたと思います。

水俣病患者グループは多数あり、水俣患者の声をまとめることは一筋縄ではいきませんでした。そのような状況の中、吉井さんは尽力され、1995年に水俣病補償の一律解決を実現しました。政治的な駆け引き、個別の水俣病患者グループとの対話を精力的に行い、難題の解決にこぎつけたわけです。

吉井さんが市長であったのは、二期8年間ですが、吉井さんは、水俣行政の体質転換にも取り組みました。まちづくりについて、「行政が企画して、住民が参加する」という市民参加ではなく、「住民の主体的活動を柱にして、行政がそれを支援する」という考え方に方向転換、これを「行政参加」と名づけて強力に推し進めました。行政用語に「市民参加」という言葉がありますが、吉井さんは、市民参加をあっさりと否定します。市民参加という言葉の持つニュアンスには、行政のやることに住民を巻き込むという意図が感じられるからだそうです。行政参加は、市民が考えだし、自発的に活動することが重要で、そこに行政がパートナーとして参加するスタイルであり、内発的、まさに、地域協働を意識されていたと考えます。

吉井さんというビジョンとコミットメントを持つ方が市長というリーダーの職に就かれたということは、水俣の再生にとって、本当に意味のあることでした。経済成長モデルからウェルビーイングモデルへと地域社会を変革していくうえで欠かせないのは、変革の方向性をはっきりと見据えるビジョナリーリーダーの存在が重要であることを教えてくれます。

もやい直しによって、水俣市の再生は走り出していきましたが、もやい直しは、市長の方針転換だけでは、成功するものではありません。一度対立し、仲たがいすることで生まれる人と人との間にできる垣根を崩すのは容易ではないからです。実際、水俣では、水俣病をめぐり、複雑に入り組んだ地元社会の分断という厚く高く険しい壁ができていました。

吉井さんは、市長時代、水俣市民同士の心と心のつながりを取り戻すことができないかを考えたといいます。吉井さんは、水俣病患者の方の語りを聞くと、水俣病患者の人の生活と他の水俣市民の生活には何ら分け隔てのないことを強く感じ取ったといいます。そこで、水俣病患者のことを市民がもっとよく知る必要があると考え、市民向けの水俣病患者による体験談を語る会を企画したそうです。

その時に、水俣病患者の杉本栄子さんの語りを聞いた人のこころを動かしたのは、次のような話だったといいます。杉本さんには、5人の息子さんがいます。子どもが小学校時代の話です。杉本さんが運動会のお弁当をつくるために、一生懸命おにぎりを握ってみるけれど、水俣病で指先に思うように力が入らないため、何度やってもおにぎりは崩れてしまったといいます。それでも、なんとか、おにぎりの形になったものを弁当箱に詰め、学校に持たせたそうです。息子たちは、運動会のお昼で、弁当箱を開けますが、おにぎりは、手に持つと、すぐに崩れてしまったといいます。それでも、そのおにぎりを息子さんたちは口に頬張りながら、「母ちゃん、うまかあ」といって食べてくれたというお話をされたのです。この話を聞いた人たちは、日常生活の中で大切にすることに、水俣病を患う人と自分には何ら変わりがないということに気づいたそうです。吉井さんは、杉本さんに手紙を送り、その後は、頻繁に杉本さんはじめ、水俣病患者の方々と交流するようになったといいます。こうして、ひととひとがつながり、地域協働の醸成が始まっていったわけです。

杉本さんがもやい直しのカギを握ったと書きましたが、それは、杉本さんがご自身の生き方に影響を受けた父親の短い言葉に凝縮されていると思います。

「他人（ひと）様は変えられないから自分が変わる」

この言葉によって、水俣病によって大変な思いをしてきた杉本さんが、自分をいじめた地元の人を赦し、何もしてくれなかった市役所を赦していくことで、水俣という厳しい対立が起きたまちの再生につながる原動力になったと考えています。杉本さんをはじめとした水俣病患者による積極的な「もやい直し」への参画がなければ、もやい直しは単なる言葉だけの、絵に描いた餅で終わっていた可能性が大いにあります。

③住民の主体性を引き出す行政参加

再び、もやい直しに話を戻しましょう。吉井さんは、ブラジルの記者とのやりとりの体験から、水俣の教訓を世界に伝えるためには、水俣の再生に取り組み、再生の姿を世界に共有するしかないと決意されたことに触れました。環境創造のためには環境政策が重要になりますが、吉井さんは環境課長に吉本哲郎さんを抜擢（ばってき）しました。吉本さんは、〝知恵を絞って、お金をかけない環境政策〟を次々と生み出していきました。吉本さんには確信していたことがありました。地域を変えていくためには、住民が自分事として主体的にまちづくりに動き出せば、まちは変わっていくということです。そこで、住民の主体性を引き出すしくみづくりに工夫を凝らしたのです。

具体例を紹介しましょう。役所は箱モノ行政が得意です。学校や環境処理施設の建設などを計画し、予算獲得に力を入れるのです。これに対して、吉本さんのやり方はまさに「アイデア行政」でした。水俣の環境再生に必要なのは、環境処理施設を建てることが最終目的ではなく、水俣にどういう環境を作り出すかという将来ビジョンを持ち、それを実現することを目標に置いていました。施設建設というハードと環境保全のためにどのように市民が動くのかというソフトの両面に着目して、効果的なしくみを作り上げようとしたのです。吉本さんは、今でこそ当たり前になってきた住民自身によるまちのビジョンづくり、当事者としてまちづくりの担い手になっていくこと、住民の主体性を引き出すことが水俣の再生につながると考えていたのです。そして、行政がすべきことは、そのビジョンづくりやビジョン実現のために、市民活動を積極的に支援する「行政参加」の実践にありました。

水俣市は、環境先進都市になることをいち早く打ち出していました。この実現のために、住民によるごみ分別化を始め、現在では、20種類以上のごみ分別を住民が担うしくみになっています。このしくみでは、各地区ごとに資源ごみの分別を行い、リユースやリサイクル品として買い取られます。買取金額は、各地区に還元されるようになっており、地区単位のリサイクル活動促進のインセンティブにもなります。また、市内の中学生が各地域のごみ分別作業に定期的に参加することにしていて、これが、ごみへの関心を高め、環境を大切にする次世代づくりにつながっています。

吉本さんのアイデア行政の1つに「環境マイスター制度」[*9]があります。水俣市は環境と調和する経済への転換を打ち出しました。そこで、環境にやさしい方法で経済活動を行っている市内の生産者を環境マイスターとして認定することで、市民に広く認知してもらい、マイスターの活動を後押ししていこうという政策です。環境マイスター制度でマイスターに認定されたのは、有機や自然農法のお茶の生産者、伝統工法で紙づくりをする紙職人、地元の竹を使っての竹細工職人、保存料を使わないイリコを作る水産業者の方々でした。市役所がマイスター認定制度を作ったことで、「この人たちの取り組みはすごいんだな」という意識が市民に広がっていったといいます。これこそ、知恵を使い、予算をかけないアイデア行政ならではの成果だと思います。

他にも行政参加で、市民活動を支援する取り組みを進めました。水俣には、いくつかの女性市民の地域活動グループがあります。ごみ削減に力を入れるために、水俣市役所は、これらの女性グループに声かけをして、生活ごみの削減を検討するための女性連合会をつくりました。市内16の女性団体が参加して、1997年に「ごみ減量女性連絡会議」が立ち上がりました。市役所の職員は、会議に参加するけれど、一切口を出さず、会議議事録をまとめるなどの裏方作業に徹したといいます。また、連絡会議には会長を置かず、すべての女性団体の代表が同じ立場で意見を出し合うことで、市内のごみ出しの問題点の検討、具体的活動案がまとまっていったそうです。会議の中で、「ごみがいっぱい出るなら、出さないほうがいいのでは」「スーパーに行って現状を調べてみましょう」という話になり、連絡会議メンバーの発案で市内各所のスーパーに出向き、実地調査を行ったといいます。調査の結果、ごみが減らない理由の1つが食品包装用のプラスチックトレイにあることを突き止めると、「このトレイがあるから邪魔よね」「トレイなしで売ってくれないものかしら」というように具体案にまとめました。そして、提案をもとにして、ごみ減量女性連絡会議は、水俣市内のスーパーとの間で「食品トレイ廃止申し合わせ書」を締結にこぎつけたのです。また、全国に先駆けて市民にマイバッグ利用を推奨、レジ袋削減を進めたり、環境によい取り組みをしているエコショップ認定などを行いました。このように水俣では、市民と行政の対話と協働による地域協働が少しずつまちを変えていったことがよくわかります。

これらの水俣の取り組みは大きな実を結びました。環境首都コンテスト全国ネットワーク主催の「環境首都コンテスト」にて、2004年と2005年に連続1位、2008年から2010年まで3年連続1位に輝き、「環境首都」の称号を与えられたのです。また、2008年には、内閣府によって「環境モデル都市」に選定されました。このように目覚ましい成果をあげ、環境関係に関わっている行政や実務家であれば、水俣市と聞けば押しも押されぬ環境先進都市（現在SDGs未来都市）の1つとして自他ともに認められるまでになったのです。

④循環型共生社会への転換

水俣のまち再生の話には、長い期間の苦難、地道な対話と協働、市民の主体性を引き出していくための貴重な経験が詰まっています。まず、水俣の発展は、明治維新以降の日本の経済成長モデルによる近代化とともに始まり、公害によって危機に陥ったという点です。国の経済成長最優先の方針が水俣に計り知れない経済的利益をもたらしたけれども、公害の発生によって、それが逆に水俣に大きなダメージを与えたのです。多くの市民の生命や生活が脅かされ、水俣の地域社会は経済的な利害対立、いのちをめぐる対立によって、分断されました。水俣で起きたことから、2030アジェンダが掲げる公正な経済と社会の重要性を再確認できます。

次に、1990年代以降、どのようにして水俣は地域再生を進めたのかを整理してみます。

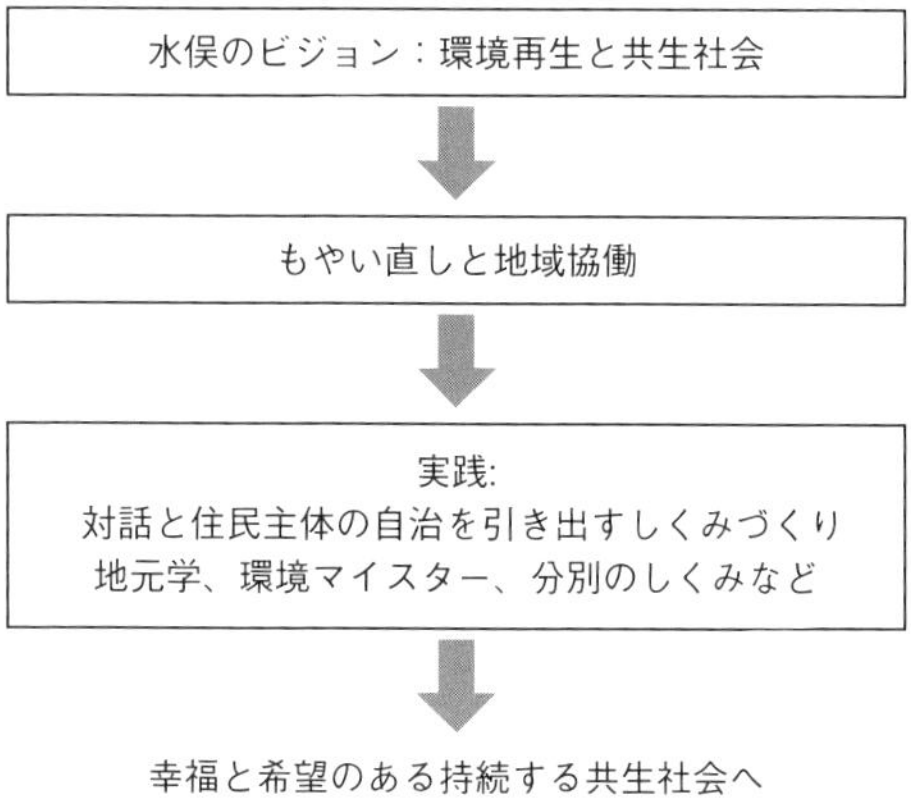

図26　水俣市の将来ビジョンと地域協働のしくみ

水俣の再生は、将来ビジョンと地域協働のしくみから見ることができます（図26）。水俣の将来ビジョンは、環境再生と共生社会のまちであり、それを環境先進都市として〝再生する〟という意志表明をしたのです。このことを市民と行政が一緒に掲げたことに大きな意味がありました。

また、水俣再生過程におけるキーパーソンのことを忘れるわけにはいきません。吉井さんは、もやい直しを提唱し、行政参加を推進しました。行政の方向性を転換させたリーダーです。また、吉本さんは、市職員として、斬新なアイデアを出し、環境マイスター、地元学などの新しい手法[*10]を生み出しました。その結果、市民の主体性を引き出す環境政策を数多くつくり、環境と経済、環境と文化を大切にする地域づくりを展開してきました。
水俣のまちの再生は、循環型共生社会が重視する循環型の地域経済、多様なひととひとをつなぎともによく生きる社会、環境を大切にする市民の意識変革、そして、地域の歴史や文化の保存に通じる取り組みといえると思います。

忘れてはならないのが、水俣病によって苦しんだ数多くの水俣病患者の方々です。水俣市が疲弊したまちの再生に向き合うことができたのは、他でもない、多くの犠牲を決して無駄にはしないという決意にあったということを忘れてはいけません。ウェルビーイングを大切にする地域は、一人ひとりの市民の幸福な生き方をないがしろにしない、生活に充足感を感じることができる社会になることです。水俣病が引き起こした数多くの問題が解決されたわけではありません。しかし、水俣は、経済的繁栄の過度な追求がもたらした受難に向き合い、経済―社会―環境を大切にする地域に変わっていこうとする現在進行形のまちづくりのチャレンジといえます。

長久手市のたつせのある共生のまちづくり

日本では、少子高齢化問題が深刻になり、多くの地方自治体は、少子高齢化対策を地方創生戦略の最上位課題においています。地方創生戦略は、地域住民の意見を吸い上げながら、地域の将来ビジョンを構想し、策定したもので、みなさんのお住まいのまちにも創生戦略があるはずです。この地方創生戦略ですが、その実をあげるかどうかは、やはり、地域生活の当事者である地域住民の力、「市民自治力」にかかってきます。市民自治力とは、住民自身が主体的に地域の中のさまざまな問題に気づき、問題に向き合い、その解決に向けた糸口を見いだし、実行していく一連の活動を推進していく力のことです。

愛知県長久手市は、少子高齢化が続く日本にはめずらしく、毎月のように転入者数が転出者数を上回るという、住民の平均年齢が日本で最も若いまちの1つです。長久手市は、2021年の「住みよさランキング」（東洋経済新報社『都市データパック 2021年版』）では、全国第4位にランク付けされるなど、指折りの住みよい都市の1つに数えられています。このランキングは、公的統計データを用いて、安心度、利便度、快適度、富裕度の4つの観点から、各都市の持つ住みやすさを測っています。長久手市は、とりわけ、快適度では全国第4位と高評価を得ています。少子化問題に悩む地方自治体から見れば、人口が増えている長久手市に羨望のまなざしを向けたくなるはずです。

しかし、長久手市長の吉田一平さんは、このランキングにあまり関心を寄せてはいません。むしろ、ランキングに警鐘を鳴らしてきました。長久手市の現状は良好といえるのかもしれないが、今のままで、先々のまちの未来が明るいかといえば、それはわからない。そう考えて、長久手市のめざすべき未来は、2050年に地域住民、行政、民間企業が協働する幸福度の高い日本一の福祉のまちになることであり、そのために、さまざまな取り組みを展開しています。名古屋市や豊田市の近郊都市ということで、経済成長モデルの恩恵を受け、ある意味、順風満帆に発展してきた長久手市ですが、そのようなまちでありながら、率先して、地域協働によるウェルビーイングを大切にするまちに変えていこうとしています。

吉田さんが市長に就任されてからの長久手市の行政方針は、住民自身がまちの課題に向き合い、お互いの知恵を出し、協働して共生する地域づくりをめざすことに力点を置いています。この方針に沿って、すでに10年以上、市民参画の場づくりやしかけが行われています。ここでは、数々のしかけの中から、地域共生センターとながくて幸せのモノサシづくりの2つの取り組みを取り上げ、既存のまちづくりとどのような違いがあるのかに着目しながら、ウェルビーイングを大切にする地域社会を築くためのヒントを考えてみます。

①行政主導から住民主導へのまちづくりへ

長久手市は、2012年に長久手町から長久手市に移行した比較的新しい市です。長久手町長から初代市長に就任された吉田さんは、自助・共助・公助ではなく、対話・協働・共創を軸に置いたまちづくりを進めてきました。長久手市のまちづくりの主役は住民であり、まちづくりのアイデア出しから実現に至るまで住民主導が基本になっています。長久手市には、民間企業、研究者、公務員など、さまざまな職業を経験し、その中で培った知識、経験、技能を豊富に持っているシニアがたくさん生活しています。住民主導になれば、その経験と力をまちの発展に活かしてもらえるようになり、長久手市はもっと住みよいまちになっていくという考えもありました。

さまざまな住民の力を活用できれば、住民目線で住民参画のまちづくりができると考えたのです。長久手市は、住民一人ひとりに存在価値を認め、一人ひとりに役割や居場所のあるまちをめざすということです。

行政のやり方を新しいしくみに変えるのは簡単ではありません。従来型の自治体行政では、長期の自治体総合計画や地方創生戦略を立案し、その計画に紐づけて、地域経済、保健医療、地域福祉、教育、安全安心な暮らし、地域の歴史や伝統文化等、さまざまな政策や事業を行います。年度計画を策定し、予算が承認されれば、あとは、計画を遂行するという流れです。個別の施策がうまくいったかどうかを評価する際には、その施策によって、どのような改善が見られたのかを計画段階で設定した指標の達成度で評価します。しかし、それだけでは住民目線で生活がどう変わったのかはなかなか見えてきません。そこで、長久手市は住民主導で2050年に日本一の福祉のまちを実現するために、行政主導から、住民が主体的にまちづくりに関わっていく新しいしくみに変えようとしてきたのです。

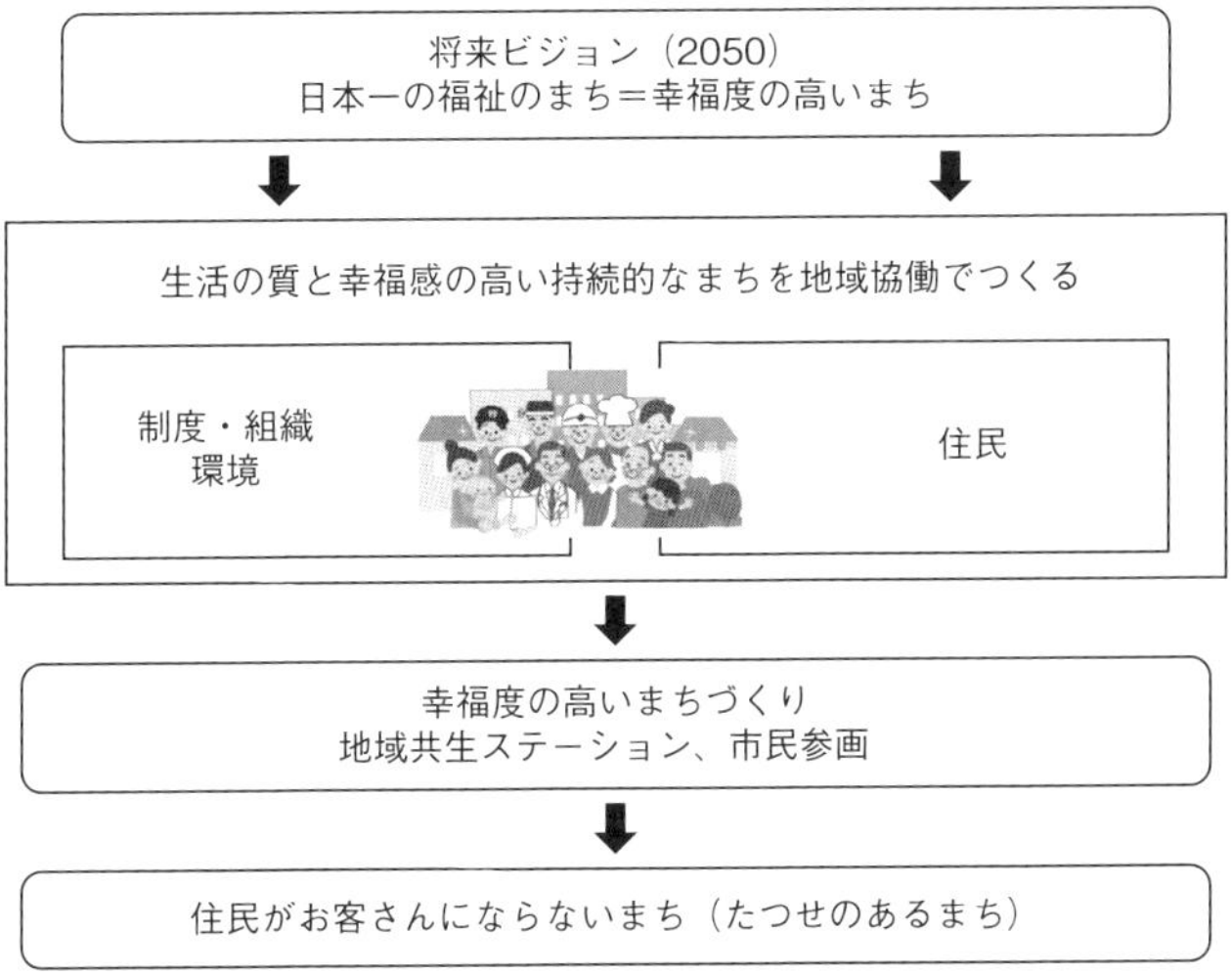

図27　長久手市2050年のまちのビジョン

②２０５０年のビジョン＝日本一の福祉のまち

長久手市は、30年先の２０５０年の長久手市のあるべき姿をビジョンにしています。

図27は、長久手市のビジョンをイラストにしたものですが、これを見ると、２０５０年のビジョンの上位目標は「日本一の福祉のまち＝幸福度の高いまち」で、特徴は、次のような暮らしのできるまちであるとしています。

- だれにでも役割や居場所があるまち
- お互いに助け合うことができるまち
- だれもが生きがいを持って充実した日々を過ごすことができるまち

これら3つの特徴を持つまちは、2030アジェンダが掲げる「誰一人取り残さない持続的な社会」に相通じるものがあるといってよいと思います。

2050年の長久手ビジョンには、3つの基本理念があります。

- つながり：一人ひとりに居場所と役割があるまち
- あんしん：助けがなかったら生きていけない人は全力で守る
- みどり：ふるさと（生命ある空間）の風景を子どもたちに

住民主導で誰にも居場所と役割のある地域をつくっていくしくみを導入することで、まちの運営方法を変えていくことにしました。そこで、小学校区単位で住民が主体的に顔の見える範囲の関係づくりを広げながら、その関係をまちづくりに活かしていこうと考えたのです。

③小学校区の地域共生ステーション

長久手市の住民主導のまちづくりは、小学校区に地域協働の拠点をつくることから始まりました。それは、「地域共生ステーション」と名づけられ、各小学校区の住民、地域団体、事業者、行政サービス組織などが協力して、地区内のさまざまな課題に取り組むための地域協働の拠点です。特筆されるのは、この地域共生ステーションをどう活用するかを構想する段階から、市民ワークショップを行い、そこで出された意見を活かして各共生ステーションのあり方、運営方法、活用方法を決めていったことです。地域共生ステーションのコンセプトを踏まえたキャッチコピーを作った共生ステーションもありました。

◎地域共生ステーションのキャッチコピー

ふらっと小屋（こやぁ）[11]～一人ひとりが主人公

この言葉には、「誰でも気軽に立ち寄ることができて、一人ひとりが役割を持って活躍できる場所にしたい！」というワークショップメンバーの想いがこもっていると、長久手市は説明しています。[12]

共生ステーションは、市内4つの小学校区に設置されていますが、ステーション運営のために行った市役所の組織変更にも注目すべき点があります。生活当事者である住民主体の地域協働活動を支援するために「くらし文化部たつせがある課」を作り、地域協働係を地域共生ステーションの担当にしました。地域住民と行政が対等のパートナーとなって、日本一の福祉のまち、幸福度の高いまちを実現するために行政側の組織改革を進めたのです。

④幸せのモノサシづくり

長久手市は、幸福度の高いまちをめざしています。そのためには、幸福度が高くなっていくかどうかを確かめるしくみが必要です。では、幸福度をどのように測るのか、そして、現在の市民の幸福度を把握するにはどうすればよいのでしょうか。

そこで、長久手市は、幸福度を測るための協働活動を始めることにしました。それが、市民と市役所の若手職員の協働作業で取り組んだ長久手市独自のモノサシづくりの活動でした。この取り組みは「ながくて幸せのモノサシづくり」と名づけられ、筆者もアドバイザーとして参画し、2012年度に準備作業が開始され、2013年度から2018年度まで本格的に実施されました。

幸せのモノサシづくりは3つのステップで進められました。

第1ステップは、長久手市民の幸福に大きな影響を与える要素の整理、第2ステップは市民幸福度の現状調査と長久手市の強みや弱みの把握、そして、第3ステップは、長久手独自の幸せのモノサシの作成でした。実際に、どのようにして活動が進んだのかを具体的に見てみます。

まず、第1ステップでは、長久手市民の幸福について掘り下げていきました。そこで、プロ

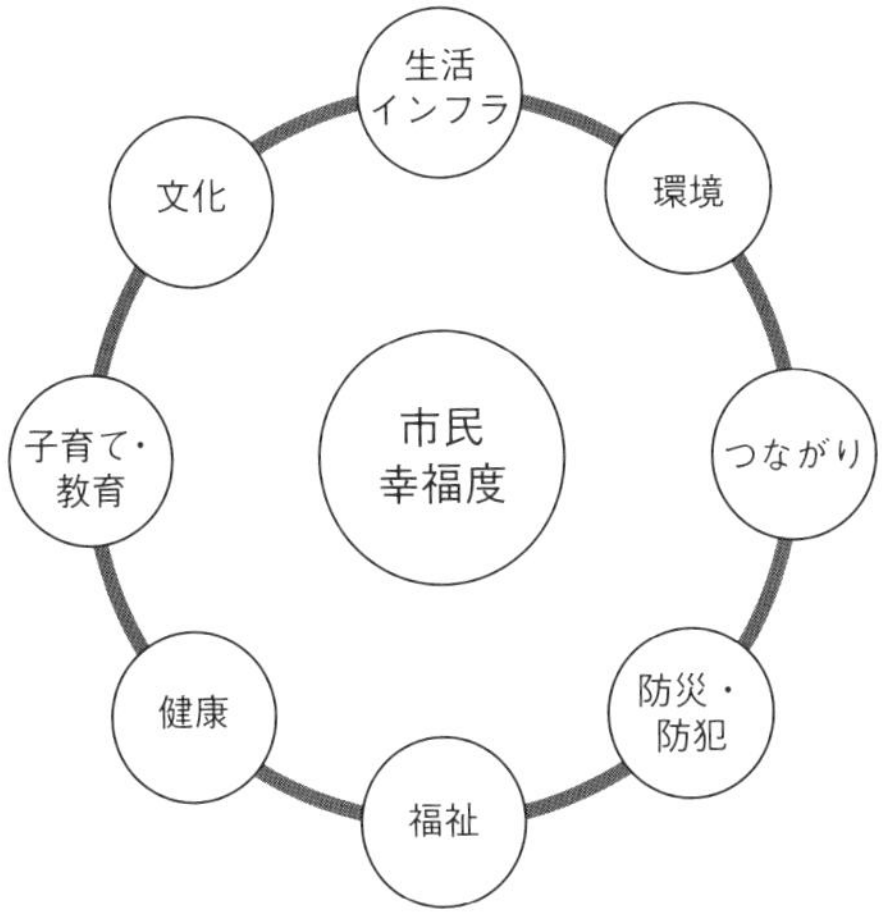

図28　長久手市民の幸福度を左右する８つの要素

ジェクトに取り組むメンバーを募り、ながくて幸せ実感調査隊を結成、市民有志11人と市役所職員10人合わせて21人のメンバーが集まりました。幸せ実感調査隊は、長久手市民の幸せについて意見交換をしながら、市民の幸福度を左右する要素を、環境、つながり、防災・防犯、福祉、健康、子育て・教育、文化、生活インフラの8つに整理しました（図28）。

第2ステップでは、長久手市民の幸福度の現状調査（幸せ実感調査）を行いました。なぜ調査を行ったのかといえば、2050年に長久手市がめざす日本一幸福なまちを実現するためには、どこに地域の強みがあるのか、または、何が課題なのかを市民目線で把握することから始める必要があると考えたからです。

自治体が実施するアンケート調査票の設計は

外部委託されることが多いのですが、幸せ実感調査の場合、住民がまちの現状をどう評価しているかを把握することがポイントでした。そこで、幸せ実感調査隊は、調査票をワークショップ形式で調査隊メンバーの協働作業で作り上げました。また、収集した調査データの整理と分析作業も、メンバーが主体的に関わり、ながくて幸せのモノサシづくり事業報告書[*13]にまとめました。さらに、調査結果を市の広報誌で紹介し、広く市民に共有しました。

調査データの分析の結果、調査隊メンバーは、いくつかの気づきを得ることができました。

- 長久手市民の幸福度は高い（長久手市調査：7・41点、内閣府の調査：6・41点）
- 長久手市民の幸福度は、健康、年収、家族の存在などが大きく影響、特に30歳代の幸福度は高く、子どもの存在が大きいと思われる
- 地域とのつながりへの意識は高くなく、困った時の相談相手は市外に多い
- 地域活動に積極的な人は幸福度が高い
- 一般単身世帯の幸福度は低い（高齢単身世帯はそれほど低くない）
- 居住年数が長いほど幸福度は低くなる

つまり、長久手市民の幸福度は、全国平均のそれに比べてはるかに高いこと、幸福度を左右

するには、収入レベル、家族構成（一人暮らしは幸福度が低い）、健康であればあるほど幸福であることなどがわかったのです。その中で、調査隊メンバーが強い危機感を抱いたのは、日本一の福祉のまちの実現のカギとなる市民のまちづくりへの関心度合が低いことでした。

第3ステップは、2050年の長久手市を日本一幸せなまちへと方向づけていくための幸せのモノサシづくりの段階。データ分析の後、幸せのモノサシを作ることにしていましたが、第2ステップの調査結果を受けて、調査隊メンバーは、すぐにモノサシを作らないで、少し遠回りをすることにしました。どのような遠回りかといえば、つながり、あんしん、みどりという長久手市の将来ビジョンの基本理念に通じる市民主導の取り組みを掘り起こすことでした。確かに、調査結果からは市民のまちづくり参画への意識は高くなかったのですが、ビジョンが描く未来社会の実現につながる市民活動はまちのどこかですでに始まっているのではないかという話になったからです。長久手市を日本一の福祉と幸福度の高いまちにしていくには、モノサシづくりとともに、具体的にどのような市民の活動がまちを変えていくのかに目を向けていくべきで、それらを市民に広く知ってもらえば、市民の間で活動の芽を育てていくことにつなげられるのではないかという考えでした。そこで、農業、教育支援、健康増進に関係する素敵な取り組みを行っている市民を見つけ出しては取材し、その内容を「長久手人（ながくてびと）」にまとめていったのです。[*14]

⑤ながくての幸せのモノサシ

時間はかかりましたが、幸せ実感調査隊は、ながくての幸せのモノサシ[*15]をつくりあげました。ながくての幸せのモノサシは、総合指標と描写指標の組み合わせで成り立っています。

総合指標は「地域で子どもの笑顔を育てるまち」ですが、長久手市民が協働してまちづくりを進めていけば、笑顔あふれる子どもが育つ幸福度の高いまちになっていくことを示しています。子どもの笑顔（＝幸せ）が、大人の笑顔につながり、ひいては、地域の幸せにつながるという発想です。

描写指標は、総合指標を補完する市民の行動指針です。日頃からあいさつをしたり、ご近所同士で支え合ったりするなど、人やまち（地域）がつながるまちづくりを8つの項目で示しています。

1. 日頃から笑顔で生活ができていると感じている
2. 大人も子どもも、地域の行事や活動に参加している
3. 安心して自宅にいることができる
4. 日頃から近所の人にあいさつをする、される習慣がある

5. 自分がこのまちの一員である（役割がある）と感じられる
6. 地域に愛着がある
7. 近所で声をかけ合って、頼り、頼られる関係がある
8. 子どもたちの成長を身近に感じることができる

市民が8つの行動指針を大切にして生活していけば、笑顔あふれる子どもを育てることになり、長久手の幸福度も上がっていくというわけです。

⑥ながくて幸せ実感調査隊メンバーの気づき

ながくての幸せのモノサシの目的は、どの地域でも活用できる汎用性のあるモノサシを作ることではありません。しかし、それは、市民と行政が長久手市の未来づくりのために協力し、手弁当で知恵と汗を流して作り上げたものでした。長久手市が2050年にめざしているまちの姿に近づいていくためには、まちづくりに主体的に参画する市民が欠かせません。ながくて幸せ実感調査隊の活動を通じて、調査隊の市民メンバーの主体性が醸成されたのは間違いないでしょう。ながくて幸せのモノサシづくり事業報告書に記載されているメンバーの記述から、このことが垣間見えてきます。

新しいまちづくりのために、「もっと『大切なこと』を準備してきた！」ということに気づきました。従来こうした取組では、事務局や専門家、学識経験者が中心になるのですが、事務局はあえて細かな段取りを示さず、当初から市民と職員が議論し、アンケートの内容からアンケート調査の分析結果のまとめまで、いつも同じ目線で話し合ってきました。

同じテーマに向かい、組織や立場を超えて、市民と「胸襟を開いて」話し合うことの大切さを知る機会となりました。また、市民と行政が知恵を出し合うための場づくりであり、市民と行政がまちづくりのためのパートナーとして、信頼関係を築いていくための一つの試みであったのではないかと思います。

幸せのモノサシづくりの活動に参画したことで、まちを変えていくためには、生活当事者である市民が積極的にアイデアを出しあい、行動していくことが重要であること、また、まちづくりは市役所、研究者、専門家だけが進めるものではなく、市民、行政、専門家が対等のパートナーとして協働していくべきことを実感できたということです。また、地域協働がその力を発揮するためには、当事者間の信頼の醸成が欠かせませんが、そのためには、議論ではなく対話による相互理解が重要だという点です。その後、長久手市は、第6次長久手市総合計画策定の際、小・中学生からシニア世代に至るまで、さまざまな市民の参画によって、ながくて未来図を作り、2050年ビジョンの実現に向け、まちの変革にチャレンジ中です。

水俣市と長久手市というまったく異なる立ち位置にある2つの実践事例を見てきました。どちらも、従来型の経済成長重視の方針からウェルビーイングを大切にするまちへと、社会のあるべき姿を変え、循環型共生社会に変えていこうとしている地域です。そこで、2つの事例から見えてくる地域レベルで、ウェルビーイングを大切にする循環型共生社会に舵取りしていくためのポイントを2点まとめておきます。

(1) 変革の方向性を打ち出すリーダーの存在

地域社会の変革に欠かせないのは、どのような社会を構想し、当事者である住民の参画意識を引き出し、協働をリードする優れたリーダーの存在です。水俣市の場合、水俣病によって対立や分断が起きた地域社会をどう立て直すのかが課題でした。この課題は、他の地域では想像できない苦難でしたが、この苦難を乗り越えるため、水俣市に関係するさまざまな利害関係者に働きかけ、動かすことができたのは吉井さん抜きには語れません。長久手市の場合、経済成長モデルの恩恵で発展してきたまちでしたが、2050年の長久手市の将来ビジョンを明確にし、住民自らがまちづくりに参画していくしくみを作り、地域協働という新しい行政に変えて

表7　行政主導と地域協働の担い手の違い

	調査・企画・設計・評価
従来型（行政主導）	行政職員・専門家・研究者・コンサルタント
変革型（地域協働）	住民・地域組織・行政・企業のコラボレーション

いる吉田さんの存在は実に大きいものがあります。地域社会を変革するには、変革の方向性をよく理解し、地域の当事者同士が協働していくために尽力できるリーダーがいるかどうかが大事なポイントです。

(2) 当事者の地域協働と行政参加への切り替え

行政がお膳立てをして、地域住民に参加してもらおうという従来型の市民参加のしくみでは、住民の主体性を引き出す地域協働にはなりません。行政は、まちづくりの主役である住民のアイデアや動きにアンテナを張り、それらのパートナーとして参加していく行政参加に切り替えていくことが必要です。水俣市の場合、ごみ減量女性連絡会議のように、連絡会議が伸びやかに活動を展開していくために行政ができることは何かを考えて活動を支援しました。また、長久手市の場合、地域共生センターという拠点をつくり、その運営を住民に委ねるという手法を採用したわけです。行政が住民のために何かをやってあげるという意識では、根本からまちを変えていくことはできません。まちの当事者である住民が自らまちをどうしていきたいのかを考え、主体的に動いていくために行政と市民の双方が歩み寄り、パートナーとして、協働していくことが重要なのです（表7）。

注

1 草郷（2018）は、地域における市民協働の重要性について、協働型アクションリサーチの文脈で説明し、個別の事例を紹介している。

2 現在のＪＮＣ株式会社である。

3 見田（1996）pp. 54-61を参照のこと。

4 環境創造みなまた推進事業については、次を参照のこと。https://minamata195651.jp/pdf/kyoukun_2007/kyoukun_all.pdf（２０２２年1月17日閲覧）

5 鶴見和子は、『内発的発展論の展開』（1996）の中で、水俣市の事例を取り上げ、地域住民の主体性に裏打ちされた内発的な地域発展の重要性を論じている。

6 吉井さんの考え方や実践活動については、吉井（2016）を参照のこと。

7 環境創造みなまた推進事業によって、１９９２年から、水俣病患者が公式に確認された毎年5月１日に慰霊式典が行われるようになった。

8 １９９４（平成６）年度水俣病犠牲者慰霊式市長式辞の全文は、次を参照のこと。https://minamata195651.jp/requiem_1994-1.html#1（２０２２年1月17日閲覧）

9 環境マイスターの認証基準は、次の通り。環境や健康に配慮したものづくりを5年以上行っていること。自然素材の利用、化学物質の除去など、環境や健康に配慮したものづくりに関する実績があること。環境や健康に配慮したものづくりに関する一定の知見と経験・技術等を有していること。地域環境の保全に関する活動を行っていること。環境問題や環境保全に関する一定の知識を有していること。水俣病など公害に関する一定の知識を有していること。https://www.city.minamata.lg.jp/kankyo/kiji003132/index.html

（２０２２年１月17日閲覧）

10 地元学とは、自然、歴史、文化、そして生活する人々という地元にある資源に着目し、これらの資源を活用して地域発展を促していく手法。「ないものねだりをやめて、あるものさがしをしよう」という考え方を基盤にしている。また、地元学では、土の人（地元集落で生活する住民）と風の人（集落以外の人）との間で、まち歩きをして、相互に交わる中で、異なる視座を活かして、地元にある資源とその活用につなげていこうとするしくみ。地元学は、地域コミュニティの生活様式に自信を持ち、地域発展のデザインと実施を地域住民の自治によって進めていくことを目的としている。詳細は、吉本哲郎『地元学をはじめよう』（２００８年）を参照のこと。

11 「小屋：こやぁ～」と、名古屋弁で読ませているところも地域ならではの工夫といえるだろう。

12 https://www.city.nagakute.lg.jp/machizukuri/chiiki/11849.html（２０２２年１月17日閲覧）

13 ながくて幸せのモノサシづくり事業報告書については、次を参照のこと。https://www.city.nagakute.lg.jp/soshiki/shichokoshitsu/seisakuhishoka/3/1/siawasenomonosasi/1725.html（２０２２年１月17日閲覧）

14 長久手人については次を参照のこと。https://www.city.nagakute.lg.jp/soshiki/shichokoshitsu/seisakuhishoka/3/1/matidukuribizyon/1734.html（２０２２年１月17日閲覧）

15 ながくて幸せのモノサシについては、次を参照のこと。https://www.city.nagakute.lg.jp/soshiki/shichokoshitsu/seisakuhishoka/3/1/siawasenomonosasi/1725.html（２０２２年１月17日閲覧）

終章　私たちがつくる未来

本書は、新型コロナ禍の中でより一層明らかになった経済、社会、環境に関係するさまざまな課題に焦点をあて、それらを引き起こす根源的理由を探り、課題解決とよりよい生き方のできる社会実現への処方箋を考えてきました。そして、２０３０アジェンダが掲げる「誰一人取り残さない持続的な社会」の実現をめざし、経済成長モデルからウェルビーイングモデルに転換することによって、循環型共生社会への変革を提案しました。

コロナ禍になってから3年近くが経過し、新型コロナワクチン接種や治療薬の開発と実用化も進みつつあります。これからは、新型コロナ感染拡大の初期段階のように【命を守るのか、経済を回すのか】という二者択一の向き合い方から、新型コロナを日常生活の環境要素の１つと受け止め、誰もが人としての暮らしを営むことができ、環境にもやさしい社会を実現するために、社会変革を試行錯誤していく段階に入っています。このように変革が求められている時代の中、これまでと同じように経済成長モデルに頼り続けると、どのような未来になるのでしょうか。

今回の新型コロナ禍が沈静化したとしても、経済効率の最大化を追求するという基本的な経済や社会のしくみが変わらないままであれば、経済面や社会面の格差や対立が生み出される可能性は高いでしょう。再び世界的脅威となるような新たな感染症や大規模な災害が起きたとしましょう。ウィルスに感染したり、あるいは被災して、苦しい状況に置かれても、【自助⇒共助⇒公助のタテ型構造の支援のしくみ】によって、〝まずは自己責任で対処しましょう〟が前面に押し出され、経済的に余裕のある一部の富裕層を除いては、生活への不安が解消されるどころか、むしろ増幅されていく可能性が高いのです。とりわけ、新自由主義経済政策が続けば、経済格差や社会分断は深刻になり、持てる人と持たざる人の間で大きな格差を生んでしまいかねません。その結果、幸せな生き方ができる人とできない人とに分断されていく可能性があります。

誰もが幸せな生き方を追求できる社会の実現は、今の経済成長優先の社会経済システムの延長線上にはなく、経済的な基盤、社会的なつながり、そして、生態系の維持を実現していくための新しいシステムとして、ウェルビーイングを優先する循環型共生社会に転換していくことです。そして、循環型共生社会を実現するためには、経済成長モデルからウェルビーイングモ

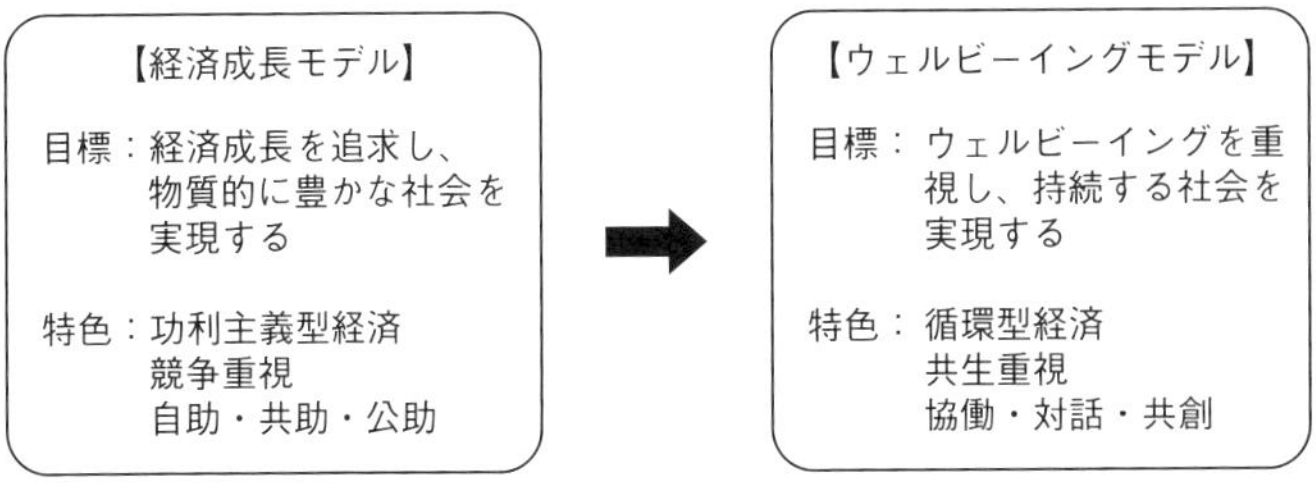

【経済成長モデル】
目標：経済成長を追求し、物質的に豊かな社会を実現する
特色：功利主義型経済
競争重視
自助・共助・公助
【ウェルビーイングモデル】
目標：ウェルビーイングを重視し、持続する社会を実現する
特色：循環型経済
共生重視
協働・対話・共創

図29　循環型共生社会への変革

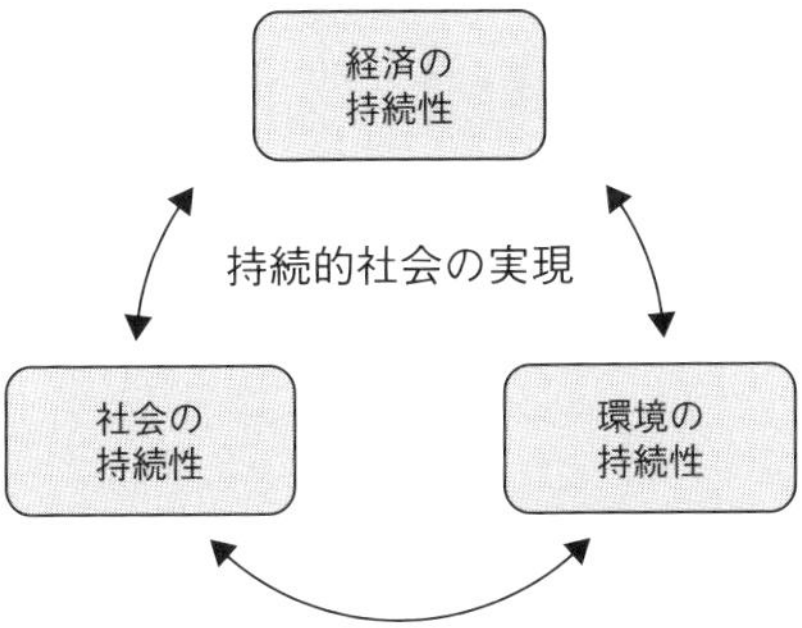

図30　三方よしの循環型共生社会

デルに転換することです。

図29は、これまでの話をもとに、2つのモデルの特徴を簡潔にまとめたものです。経済成長モデルは、よりよい暮らしに欠かせない物質的豊かさを追求することによって繁栄する社会の実現をめざします。このモデルは、社会全体の利潤拡大につながる功利主義、競争原理の活用、そして、自助⇒共助⇒公助の活用を特徴とします。これに対して、ウェルビーイングモデルは、経済—社会—環境という3つの側面の相互改善をめざす三

方よしの持続的社会の実現（図30）をめざします。このモデルは、地球環境を大切にする循環型経済、誰一人取り残さない共生社会、そして、協働・対話・共創の活用を特徴とします。

他人を蹴落としてでも、自分の生活をよくしたいと考えるのは、個人の本能や性格によって決まるものではありません。奪い合いや勝ち抜きに躍起になるのは、経済や社会のしくみがそう仕向けることのほうが大きいのです。お互いを思いやることで、よりよい生活、そして、善く生きる、幸せな生き方を追求できる温かい社会につながる経済や社会の新しいしくみに変えていくことができれば、今よりも、格段に、誰に対しても優しく接していくことができるはずです。また、動物、植物、空気、水、土などによって絶妙のバランスで保たれてきた生態系を大切にする暮らしも当たり前になるはずです。そのためには、経済と社会のしくみ、その基幹となる社会発展モデルそのものを変えていかなくてはならないのです。

さらに、もう1つ忘れてはいけないことがあります。国レベルで、経済や社会のしくみを変えることができたとしても、それだけで循環型共生社会をつくることはできないという点です。もっとも重要なことは、私たち自身が日々の生活の中で、新しい経済や社会のしくみを実装化していけるかどうか、とりわけ、生活拠点である地域を誰一人取り残さない持続的な社会に変えていくために働きかけ、行動できるかどうかにかかっています。そのためには、日々の生活を見直して、変えていくことができれば、それが大きな力となり、地域社会を変革していきます。この日々の小さな変革へのカギを握るのは、他でもない、市民である私たちにかかっています。結局、私たちはどのような未来を望んでいるのか、そのために、今の社会をどう変えていくかの本気度が試されるのです。そこで、最後に、ウェルビーイングを大切にする循環型共生社会に変革していくために、私たちが取り組むべき重要なポイントを記しておきます。

①循環型共生社会への地域変革ビジョンを構想し、推進する

2030アジェンダは、経済や社会のしくみを変革し、循環型共生社会の実現をめざすための羅針盤です。この羅針盤を使って、どのように地域を発展させていくかは、地域の当事者である住民、行政、企業、地域団体、専門家にかかってきます。これらの地域の当事者が、地域社会の将来ビジョンを描き、それを実現するために行動していけるかどうかがカギを握ります。そのためには、地域の新しいビジョンづくりを後押しする地域協働がポイントになります。地域ビジョンと地域協働を展開するためには、地域協働を支えていくリーダーを見つけ出し、地域住民、行政、企業、団体が地域ビジョンの実現に向けて積極的に参画していくことです。

②地域独自の文化、歴史、智慧を活かし個性ある循環型共生社会をつくる

経済成長モデルは、GDPのような経済面のモノサシで社会発展度合いを評価し、先進国、

中進国、発展途上国のように分類し、先進国を増やしていくことを是としてきました。ウェルビーイングモデルは、経済に加えて、教育、健康、連帯、余暇、環境など、多面的にウェルビーイングを評価します。ウェルビーイングを大切にする循環型共生社会を実現するためには、経済、社会、そして環境を大切にする地域固有のしくみが必要です。

実は、この命題は、新しいものではありません。近代化によって作られた大都市を別にすれば、それ以外の地域では、自然と折り合いをつけながら暮らし方を工夫してきました。また、他人の生活と自分の生活はまったくの別物として切り離して考えるのではなく、相互に関係しながら、近所づきあいや助け合いが当たり前の地域をつくってきたのです。循環型共生社会は、地域間の差異をなくし、全国どこにいても、利便性の高い経済的に豊かな暮らしができるようにしていくものではありません。そうではなく、地域固有の環境、生活文化、地域の歴史、そして、地域住民がつくりだしてきたさまざまな智慧を活かして、持続的な社会の実現をめざしていくのです。水俣の地元学や長久手の地域共生ステーションのように、地域の当事者が協働して、地域づくりに関わっていける独自のしくみを編み出していくことが地域の個性を活かすウェルビーイングを大切にする社会につながっていくはずです。

③ 循環型共生社会の暮らしを日常生活に取り込んでいく工夫と協働を楽しむ

循環型共生社会は、社会の大枠を変えていくだけでは実現できません。日頃の生活を見直して、自ら生活を変えていくことが必要です。環境に優しい賢い消費に切り替える、幸福度を左右する生計基盤、人との良好な関係、自己啓発と成長、心身の健康などに目を向け、循環型共生社会のライフスタイルを実践していくことです。そのために、住民同士が対話し、協働することで、生活の拠点である地元をかけがえのない共通の場（コモンズ）として育てていくことです。

コロナ禍によって、私たちは辛い日々を送ってきていますが、辛さの根本的な原因を私たちの暮らしの底流にある経済や社会システムの問題として捉えるようになりつつあります。経済成長モデルの小手先レベルの修正ではなく、ウェルビーイングモデルに大きく舵を切ることで、私たちだけではなく、将来世代にとってもよりよい生き方を追求できる社会に変えていくチャンスと捉えることもできます。コロナ禍を奇貨として、誰一人取り残さない持続的な社会に転換し、より安心して生きていくことができる未来社会の創造をめざし、そのために、私たちは、協働と対話によって、ウェルビーイングを大切にする循環型共生社会をつくり、それを未来世代に引き継いでいく責任があるのです。そして、今から、より住みやすく、生きやすい、幸せな生き方のできる社会をつくっていきましょう。

引用・参考文献

ステファーノ・バルトリーニ著　中野佳裕訳（2018）『幸せのマニフェスト――消費社会から関係の豊かな社会へ』コモンズ

Easterlin, Richard A.（1974）"Does Economic Growth Improve the Human Lot?" in Paul A. David and Melvin W. Reder, eds., *Nations and Households in Economic Growth: Essays in Honor of Moses Abramovitz*, New York: Academic Press, Inc., pp. 89-125.

ミヒャエル・エンデ著　大島かおり訳（2005）『モモ』岩波少年文庫

Friedman, Milton（1962）*Capitalism and Freedom*, University of Chicago Press.（＝村井章子訳（2008）『資本主義と自由』日経ＢＰクラシックス）

広井良典（2001）『定常型社会――新しい「豊かさ」の構想』岩波新書

広井良典（2011）『創造的福祉社会――「成長」後の社会構想と人間・地域・価値』ちくま新書

蟹江憲史（2020）『ＳＤＧｓ（持続可能な開発目標）』中公新書

草郷孝好（2018）『市民自治の育て方――協働型アクションリサーチの理論と実践』関西大学出版部

セルジュ・ラトゥーシュ著　中野佳裕訳（2010）『経済成長なき社会発展は可能か？――〈脱成長〉と〈ポスト開発〉の経済学』作品社

セルジュ・ラトゥーシュ著　中野佳裕訳（2013）『〈脱成長〉は、世界を変えられるか――贈与・幸福・自律の新たな社会へ』作品社

セルジュ・ラトゥーシュ著　中野佳裕訳（2020）『脱成長』白水社

見田宗介（1996）『現代社会の理論――情報化・消費化社会の現在と未来』岩波新書

中島義道（1997）『〈対話〉のない社会――思いやりと優しさが圧殺するもの』ＰＨＰ新書

中澤健・中澤和代（2019）『フィロミナの詩がきこえる――マレーシアで二十五年 平和と福祉を考える』ぶどう社
Nussbaum, Martha C.（2000）*Women and Human Development: the Capabilities Approach*, Cambridge University Press.（＝池本幸生・田口さつき・坪井ひろみ訳（2005）『女性と人間開発――潜在能力アプローチ』岩波書店）
Rose, Todd（2016）*The End of Average*, Harper One.（＝小坂恵理訳（2019）『ハーバードの個性学入門――平均思考は捨てなさい』ハヤカワ・ノンフィクション文庫）
Sen, Amartya（1992）*Inequality Reexamined*, Clarendon Press.（＝池本幸生・野上裕生・佐藤仁訳（1999）『不平等の再検討――潜在能力と自由』岩波書店）
Sen, Amartya（1999）*Development as Freedom*, Alfred A. Knopf.（＝石塚雅彦訳（2000）『自由と経済開発』日本経済新聞社）
Seyd, Matthew（2019）*Rebel Ideas: The Power of Diverse Thinking*.（＝株式会社トランネット翻訳協力（2021）『多様性の科学――画一的で凋落する組織、複数の視点で問題を解決する組織』ディスカヴァー・トゥエンティワン）
ジョセフ・E・スティグリッツ、ジャンポール・フィトゥシ、アマティア・セン著 福島清彦訳（2012）『暮らしの質を測る――経済成長率を超える幸福度指標の提案』金融財政事情研究会
鶴見和子（1996）『内発的発展論の展開』筑摩書房
堤未果（2008）『ルポ 貧困大国アメリカ』岩波新書
堤未果（2010）『ルポ 貧困大国アメリカⅡ』岩波新書
堤未果（2013）『（株）貧困大国アメリカ』岩波新書
宇沢弘文（2000）『社会的共通資本』岩波新書
リチャード・ウィルキンソン、ケイト・ピケット著 酒井泰介訳（2010）『平等社会――経済成長に代わる、次の目標』東洋経済新報社

吉井正澄（2016）『「じゃなかしゃば」新しい水俣』藤原書店
吉本哲郎（2008）『地元学をはじめよう』岩波ジュニア新書

あとがき

この本を手にお取りいただいたみなさん、本当にありがとうございました。ウェルビーイングと循環型共生社会に関心を持っていただけたでしょうか。そもそも、どうして、この本を書くことにしたのか、その原点と動機について書いておこうと思います。

1つ目は、ずいぶんと昔の話になりますが、小さないのちを大切にする社会こそ尊いということに気づいたことです。2人の子を授かり、2人とも、やっとのことで母体から生まれてきた瞬間に立ち会うことができました。これだけでも、「まさに感動もの」でしたが、現場の医師から、へその緒を切りますよといわれ、はさみを渡されました。突然のことで本当にびっくりしたのですが、へその緒にはさみを入れました。切った感覚はうっすらと覚えている程度に過ぎないのですが、いのちの誕生に関わることができたんだという実感を持てたことを今でもよく覚えています。いのちの誕生はドラマチックなものでしたが、まだ1人では何もできない赤ちゃんを前にして、2人の子がそれぞれいい人生を送れるように自分に何ができるんだろうと真剣に考えるようになりました。

その後、途上国の貧困問題に取り組むようになったわけですが、小さないのちをないがしろにしない社会とはどのような社会なのか、どうしたらそういう社会をつくることができるのかを考えてきました。そして、潜在能力アプローチ、社会的関係資本、内発的発展論に多くを学び、政策や実践支援、講義やゼミを通じて、ウェルビーイングと循環型共生社会を構想するようになったのです。

2つ目は、2030アジェンダ（SDGs）のめざす世界への共感です。国連で働いていた時に、MDGsの仕事に関わっていましたが、それは専門家主導のもので、大きな違和感がありました。そういうこともあってか、SDGsが掲げる「誰一人取り残さない持続的な社会」を知った時、これはいのちを大切にする社会への変革をめざしていると深く心から共感できたのです。2030アジェンダを読むと、貧困、格差、孤立、環境、紛争などの問題解決は待ったなしで、国を超えて協力して、社会のあり方を大きく変えていかなくてはいけないという気持ちになります。しかし、私たちの行動が変わるかといえば、なかなかそうはならないものです。2011年3月に東日本大震災が発生し、その直後から、世の価値観は変わり、社会のあり方は変わっていくと言われました。しかし、実際にはどうだったでしょうか。思ったほどの変革は起きていないのが実情だと思います。

世界終末時計という言葉を聞いたことがあるかもしれません。世界が終末を迎えるまで、どれくらいの時間が残されているかを示す時計です。2022年1月、この時計の針は、残り100秒を指していて、このまま何も変わらなければ、針はもっと進んでいくことになるでしょう。それは、次世代、次々世代を失望させるだけではなく、私たち自身の未来までも危うくさせると思います。「仕方がないな」とあきらめてしまおうかという気持ちになってしまいがちです。確かに、1人だけで大きな世界を変えることは難しいのですが、日々の生活を通じて、まずは住んでいる地域から変えていくことはできるはずです。そういう思いから、2030アジェンダで終わらずに、2050年、2100年へと続いていくウェルビーイングを大切にする地域づくりのヒントを探っていくことにしたのです。

次に、この本は、変革のプロセスに重きを置いているという点に触れておきます。現状がどうなっているかを踏まえたうえで、この先、どのような社会に変革していくべきか、そのために、どのように変革できるのか、現実を変えるために何ができるか、何をすべきかを検討するように心がけました。とりわけ、直面する問題の根本原因を突き止めて、これまでとは違う代替の処方箋を示すことを強く意識しました。たとえば、自助・共助・公助から地域協働・対話・共創への変革について書いていますが、この変革はトップダウンで成果を出せるものではありません。私たち自身が社会を変えていく当事者であることを自覚し、小さなことから協働、対話、共創によって自分事として何かを変えていくことが、後々、大きく社会を変えていくことにつながると考えるからです。

私たちの社会は、法律や制度によって大きな影響を受けています。しかし、日々の社会生活は、一人ひとりがどのような考えを持ち、どのような行動を取るのか、そして、相互にどのように関わっていくのかを無視することはできません。ウェルビーイングを大切にする地域が増えていけば、循環型共生社会に向かって社会は動き出していくと思います。

この本の限界についても書いておかなければなりません。本書は一般書ですが、社会経済システムの検討と現状評価をデータに基づいて掘り下げているため、学術研究書の要素を合わせ持つ内容になっています。しかし、本格的な学術研究書とは異なり、説明を簡潔にしている箇所がたくさんあります。それらについては、ぜひ、読者のみなさんに探求していただけるとよいと考えています。また、本書で取り上げている地域事例の紹介についてですが、各々の地域で起きていることのすべてを完全かつ最新の情報として網羅することはできていません。ここで取り上げている内容については、筆者の力量によるものであり、不十分の点があると思います。この点はどうぞご容赦ください。

この本を何とか書き上げることができたのは、さまざまな人のおかげによるものです。まず、この本の執筆を応援し、気長に伴走し、適切な助言と面倒な校正作業を手伝っていただいた明石書店の編集者深澤孝之さんに心から感謝の意を表します。

学びの環境をつくってくれた家族に感謝です。そのおかげで就学以来、今に至るまで、本当に数え切れないほどの学びの機会を得ることができました。なかでも、大学時代の恩師である故高橋彰先生からは多角的に物事を捉える力を、大学院の恩師であるBradford Barham博士には理論と実践を連動させる力を学んだことに感謝しています。また、循環型経済と共生社会の重要性をウェルビーイングの観点から考えていくための示唆をJohn Helliwell博士からいただいたことに感謝しています。

最後になりますが、この本がウェルビーイングを大切にする社会について語り、行動の輪となって、循環型共生社会につながっていく新しい取り組みの一助になることを願ってペンをおきます。

2022年6月

草郷 孝好

著者紹介

草郷 孝好（くさごう・たかよし）
関西大学社会学部教授。ウィスコンシン大学マディソン校PhD（開発学）取得。民間会社、世界銀行、明治学院大学、北海道大学、国連開発計画（UNDP）、大阪大学を経て現職。ブリティッシュコロンビア大学客員教授（2015～2016）、総合地球環境学研究所客員教授（2015～現在）。さまざまな立場の人々が主体的によりよい生き方を実現できる社会のあり方と実践を探求し、当事者主体の内発的なコミュニティづくりの理論的研究とアクションリサーチを行っている。地域共創による内発的な地域づくりや2030アジェンダ（SDGs）を推進する自治体を支援している。大阪府SDGs有識者会議委員、愛知県長久手市幸せのモノサシアドバイザー、兵庫県新但馬地域ビジョン検討委員会長、兵庫県朝来市第3次総合計画審議会長などを歴任。主な著書に『GNH（国民総幸福）』（共著、2011年、海象社）、『市民自治の育て方』（編著、2018年、関西大学出版部）などがある。

ウェルビーイングな社会をつくる
――循環型共生社会をめざす実践

2022年7月15日　初版第1刷発行

著　者　草郷孝好
発行者　大江道雅
発行所　株式会社　明石書店
〒101-0021　東京都千代田区外神田6-9-5
電　話　03（5818）1171
FAX　03（5818）1174
振　替　00100-7-24505
https://www.akashi.co.jp

装丁　明石書店デザイン室
印刷　株式会社文化カラー印刷
製本　協栄製本株式会社

（定価はカバーに表示してあります）　ISBN978-4-7503-5433-0

GDPを超える幸福の経済学 社会の進歩を測る
ジョセフ・E・スティグリッツほか編著
経済協力開発機構(OECD)編 西村美由起訳 ◎5400円

OECD幸福度白書5 より良い暮らし指標:生活向上と社会進歩の国際比較
OECD編著 西村美由起訳 ◎5400円

信頼を測る OECDガイドライン
経済協力開発機構(OECD)編著
桑原進監訳 高橋しのぶ訳 ◎5400円

主観的幸福を測る OECDガイドライン
経済協力開発機構(OECD)編著
桑原進、高橋しのぶ訳 ◎5400円

環境ナッジの経済学 行動変容を促すインサイト
経済協力開発機構(OECD)編著
齋藤長行監訳 濱田久美子訳 ◎3500円

オフショア化する世界 人・モノ・金が逃げ込む「闇の空間」とは何か?
ジョン・アーリ著 須藤廣、濱野健監訳 ◎2800円

福祉NPO・社会的企業の経済社会学
商業主義化の実証的検討 桜井政成著 ◎4200円

統治不能社会 権威主義的ネオリベラル主義の系譜学
グレゴワール・シャマユー著 信友建志訳 ◎3200円

不平等 誰もが知っておくべきこと
ジェームス・K・ガルブレイス著
塚原康博、馬場正弘、加藤篤行、鑓田亨、鈴木賢志訳 ◎2800円

不平等と再分配の経済学 格差縮小に向けた財政政策
トマ・ピケティ著 尾上修悟訳 ◎2400円

コロナ危機と欧州・フランス
医療制度・不平等体制・税制の改革へ向けて
尾上修悟著 ◎2800円

「黄色いベスト」と底辺からの社会運動
フランス庶民の怒りはどこに向かっているのか
尾上修悟著 ◎2300円

「社会分裂」に向かうフランス
政権交代と階層対立 尾上修悟著 ◎2800円

フランスに学ぶジェンダー平等の推進と日本のこれから
パリテ法制定20周年をこえて
冨士谷あつ子、新川達郎編著 ◎2800円

辺境の国アメリカを旅する 絶望と希望の大地へ
鈴木晶子著 ◎1800円

現代ブータンを知るための60章【第2版】
エリア・スタディーズ 47 平山修一著 ◎2000円

〈価格は本体価格です〉